FELIX

VALENTINA

我是你[1]

華德福教育學的兒童研討會

ICH BIN DU:
Kindererkenntnis in pädagogischer Verantwortung

Anna Seydel◎原著

社團法人臺中市人智哲學發展學會◎策劃

林玉珠、許星涵（Astrid Schröter）◎審閱

張淑惠◎翻譯

ICH BIN DU

Kindererkenntnis
in pädagogischer Verantwortung

Anna Seydel

Impressum
© edition waldorf
Stuttgart 2009

Pädagogische Forschungsstelle
Wagenburgstr. 6
70184 Stuttgart
www.waldorfbuch.de

為兒童奉獻，

他們的希望在於，

被認知。

目錄

作者簡介

安娜 · 賽德爾（Anna Seydel）

- 1933 年 9 月於波美拉尼亞（Pommern）出生
- 1945 年逃至南德定居
- 高中畢業、大學主修教育、完成國家教師訓練、在慕尼黑技術學校從事青年暨社會工作三年
- 於艾克衛爾登人智學治療教育學院進修
- 在慕尼黑史瓦賓華德福學校擔任班級導師職三十五年
- 自 1970 年起擔任「華德福在職進修學院」講師，之後創辦南巴伐利亞邦華德福教育學院，並在該學院任職。該學院主旨：推廣人智學和人智學之人的智識
- 目前擔任人智學協會慕尼黑工作中心之工作委員會董事
- 以人之智識為導向在華德福學校和其他教育及治療教育機構的會議上擔任主持人
- 於多納赫歌德館靈性科學自由高等學校的教育部門（兒童研討藝術之學術研討會、教師和教育人員靜思實務大會）擔任主持人，以及人智學、教育學，和學校優律司美治療師大會的工作人員

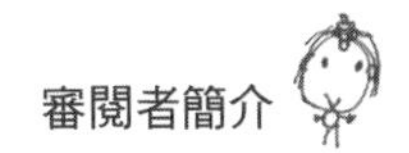

審閱者簡介

林玉珠，美國 Ashland 大學資優教育碩士，磊川華德福實驗教育機構創辦人暨負責人，「魯道夫 ・ 施泰納華文編輯小組」成員。

許星涵（**Astrid Schröter**），德國人，斯圖加特 Uhlandshöhe 自由華德福學校畢業生，漢學、MBA 碩士，「魯道夫 ・ 施泰納華文編輯小組」管理與審閱。

譯者簡介

張淑惠，輔仁大學翻譯研究所畢業，德國慕尼黑口筆譯學院肄業，從事德文翻譯工作。譯有《愛，一切從簡》、《經濟蕭條中：七年賺到 15,000,000》、《VW 總裁心》、《集書人》、《成交！讓兩性都買單的行銷術》、《死亡閱讀者》等。

推薦序一

認識兒童；瞭解自己；成就全人

在現今的社會提到「大人」，常常指的是這個人具有一定年紀（最起碼已經成年），已經出了社會，有一定的工作或生活歷練。因此當一個「大人」在觀看或評斷一件事情時，便往往會以一個自己過往的生命經驗對事情下解釋或結論。姑且不論他的解釋或結論的對錯與否，「大人」的心裡卻很容易篤定的認為：「看吧，我是多麼睿智、有經驗，什麼事情都逃不過我的法眼！」社會上常常給這樣的「資深大人」崇拜的眼神，許多人也會說：「這件事我已經問過 ×××，是他告訴我這樣做！」或者說到：「××× 也是這樣說的，不信你去問他！」所以一個「大人」，意味著他有豐富的「過去」；不過，換言之，那也就是他已經是一個屬於「過去式」的人了！

每當去到醫院的嬰兒房，隔著玻璃看著一排排都是臉紅紅、皮膚皺皺的小娃兒，猛一看，好像個個都很相似；仔細瞧，卻沒有一個相同，但是他們卻仍有一個全部都相同的特點，那就是他們已經來到了這個世界，他們都將開始成長！這群娃兒，一群即將長大的小兒童，他們屬於正在開展的「未來式」！

我是一個大人，一個屬於「過去式」的人，我很習慣用過去的經驗看待或處理身邊所有的人事物，這樣的方式，當我在事務所工作，或是在業務單位工作，或是在工廠裡從事一般性事務，都非常適用，而且隨著經驗越豐富，處理起事情來也越是得心應手。然而，在我成為一個高齡的母親，乃至於成為了一個教師之後，我發現我豐富的處事經驗和果斷的判斷能力常常派不上用場，以至於往往，在判斷或處理一個和孩子相關的事務過後，我突然驚覺：「我錯了！」

我真的錯了！因為我雖然走過了自己的成長歲月，但是在我年幼時經歷的每個當下，我其實並沒有深刻的體認或檢討或反省，因為那時候我也只是一個兒童，一個一直向著未來走去的人。因此到了現在，我在處理兒童們所使用的「經驗」，根本就和他們的經驗不一樣，所以也難怪他們不能接受！而我，卻也真的不知道我是以自己在社會上打滾多年的「大人經驗」在處理他們的「兒童事情」和問題，因此，我能不犯錯嗎？

《我是你：華德福教育學的兒童研討會》這本書翻開來開宗明義便寫道：「為兒童奉獻，他們的希望在於，被認知。」書中提供了精確又饒富靈性意涵的認識兒童的方法和步驟。幾經研讀，我認為，一旦我們真的能學會進入兒童的內在去認識兒童時，我們必將也能彌補起早被我們自己遺漏且遺忘的生命成長任務——成為一個完整的人！

林梅洲

臺中市人智哲學發展學會理事長

推薦序二

一起走上尋找聖杯的旅程

2014 年最令臺灣社會震驚的臺北捷運殺人事件，我們都難以置信，這個兇手來自一個正常的家庭，他也一路受正常的教育，唯一不同的是：他想報復某個特定對象的想法一直深深埋在內心深處的底層裡，越埋越深，越久越具爆發力，終究以火山爆發式地引爆與氾濫。這不只是一個家庭的悲劇，更是代表我們社會這個時代冰山一角的教育問題與潛藏的巨大危機。記得當時東海大學向社會大眾發出一張公開信，深刻省思捷運事件，強調主角也是我們共同的孩子，我們都有責任，如果在不經意的剎那，我們曾「經意」地關注他、傾聽他，那麼故事就不會是這樣的結局與收場。

《我是你：華德福教育學的兒童研討會》的作者在前言中也談到發生在 2009 年的德國校園槍擊事件對社會造成的恐慌，它與在美國的、在臺灣的、甚至在世界的任一地方都是大同小異地在上演著青少年社會性分裂的問題：「這是一種認同的問題。誰需要我？誰願意傾聽我的想法？我屬於何處？我具有同等價值嗎？我受到公平對待嗎？我的感覺受到重視嗎？」。結論都指向現代的青少年對上述的問題茫然不知所措；甚至對自我的認同感崩塌解離。我們能做什麼努力與補救嗎？我們如何重建這樣的認同感？作者呼籲：「要達到這個目標的先決條件是：成人不能置

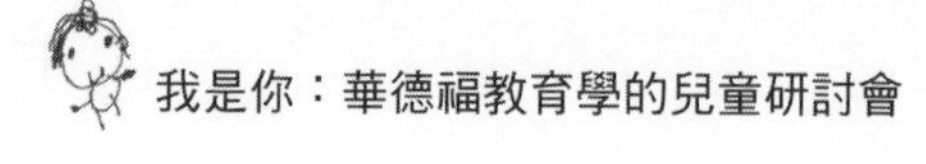

身事外，而是必須參與其中，不能只是冷眼旁觀」。

是的，我們都有責任參與，而這一本書更是提供了我們可以參與其中的歷程與方法，不但不是憑藉一己的力量，反而是透過團隊學習的共感共振而激發出一種互補互助的看見與學習。

回顧 1997 至 1998 年筆者曾在宜蘭工作，當時接受宜蘭慈心華德福的創辦人張純淑老師的邀請，為打算想轉型為華德福教育的慈心幼兒園工作，當時的團隊透過從紐西蘭來的督導 Marjorie Theyer 老師學習 Child study，即華德福教育學的兒童研討的架構。

一轉眼十七年過去了，這個教育在臺灣，從不為人知到現在的發展，實際上是很多人的努力與堅持造就了這個教育運動的奇蹟。這個教育改革的發軔，除了宜蘭慈心張純淑執行長領導的宜蘭團隊外，在臺中最重要的是磊川華德福學校林玉珠校長的啟動，她所帶領的磊川團隊著實見證臺中是臺灣華德福教育運動蓬勃發展的奇蹟現象。當然此時此刻的臺灣各地的同事如雨後春筍一直努力地想鑽出地表，投身這個教育運動，每一個團隊背後都有感人的奇蹟故事正在發生中。

而這個奇蹟的核心價值是視每個孩子為獨特體，並一心一意支持引出每個獨特的自我體積極展開。透過兒童研討，老師家長及社區的專業人員，如：人智醫學的醫生、護理師、優律司美治療師、藝術治療師、護理師及學校的行政老師等的加入與攜手合作，共同承擔責任並共同學習教育的大愛，以全觀敬虔的態度面對來到我們面前的每一個個體。

如果你問我靈性是什麼？我想每個人心目中都有不同的定義，但我想它是超越宗教信仰的一種宗教情懷，此種情懷都有共通普遍的精神，譬如分享、慈悲、寬恕、幫助無助弱小的人等。

在兒童研討裡，專注地為一個獨特個體的自我實現而努力，一起觀察、一起靜思、一起討論、一起研究孩子的生命史，這樣的一起互相提醒、互相支持、互相補足彼此看不到做不到的觀察和行動的過程，也是本書作者強調的，讓團隊一起經歷融合感和離斥感的呼吸及不斷改變的一切的過程。因此兒童研討是透過團隊學習，一起深層觀察、一起學習互補的過程，所以我想互補是靈性學習的必修功課。

本書結構的舖陳相當完整與細緻地省思可能會發生的阻力，我認為那都是建立在如實的實務經驗和理論的交叉檢驗上，更立基於人智學的靈性科學的脈絡裡。結構分三大部分，一是導入主題，涵蓋人智學最關注每個個體化必問的三個本質的問題：「你是誰？」、「你從何而來？」、「你要去哪裡？」

看似大哉問的問題，但作者強調：「希望透過這三個問題的省思，教育人員或老師能將孩子視為一個待解的謎團，這樣才會有機會；因為謎團具有推動的特性，人只要有那麼一丁點兒研究的興趣，自然而然就會有想要解開謎團的渴望」。

作者進一步解釋，有時候連帶著這騷動的渴望，也會讓人陷入困境：因為熱切想深入瞭解，人就越來越需要自我反省與澄清，越是澄清越是發現自己的弱點與限制，那自以為是的安全感會「破滅」或「消失殆盡」。這樣誠實的描述，只要在華德福教

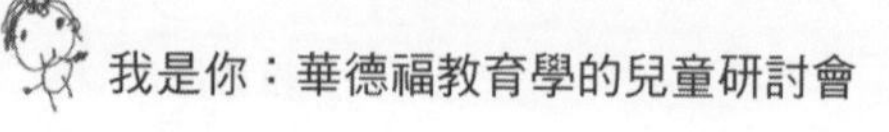

育現場工作的同事們應該都心有戚戚焉，是啊！這種自我懷疑、不知所措的感覺似曾相識啊！於是我們已不是高高在上鳥瞰孩子的全能指導的旁觀者，反而是身歷其境與孩子同在，互為主體互相學習互相成全的參與者。

帶著互為主體的生命態度面對同事與孩子，是兒童研討的核心價值。

在第二部分，作者接著切入本書的主要重點，進行兒童研討途徑與導向，四個清清楚楚的步驟，從感知到與兒童合而為一、到本質的相遇，最後形成可溝通的概念。緊接著就解析過程中的教學途徑，具體清晰可行，其中不乏很多深入的原則與方法值得借鏡。

我特別受到啟示和感動的部分是：作者談到從客觀感知與清楚的圖像是兒童研討的第一步；而第二步中談到與兒童合而為一，是到睡眠靈感式的感覺，通過夢幻的混沌，最後進入深層沉睡，無意識的直覺式意願才會緩緩升起。

之間的關鍵是：作者用聖杯騎士——帕西法爾（Parzival）的問題之隱喻與象徵來談同理心，我不禁莞爾了。這又觸動、也觸痛了所有教育工作者的核心了，但，同理心就是同理心嘛，幹嘛這麼捉神弄鬼？神秘兮兮？

話說作者藉帕西法爾說同理心的故事，當帕西法爾見到受苦躺臥的聖杯王卻不敢問：「大伯，您怎麼了？」是因為帕西法爾他謹記師父教誨：不要隨便問問題。為了正確地問出真正的問題，他受盡折磨流浪了幾年，經歷很多內在痛苦的旅程才問出衷心的正確問題。原來啊，同理心是「知易行難」容易說不容易做的靈性學習的工具啊！這個痛苦是本書作者所謂與孩子合而為一之後的階段，去體會到「晦暗無助和迷惘的一種預感死亡過程的感覺」，在真正同理心形成之前就像帕西法爾旅程的備受內心折磨。

Carl Rogers 曾定義同理心（empathy）是諮商者能正確瞭解當事人的主觀世界，並傳達他的瞭解給當事人，就好像（as if）諮商員自己的世界，但又不失去自我；諮商員不但要深入瞭解當事人，而且能自由進出當事人的世界，把當事人自己無法言喻的經驗與感受表達出來並傳達給他。Rogers 強調唯有這樣，當事人的改變才有可能發生。本書最後幾個案例的分享與解析都驗證了，兒童研討的旅程是要參與的人學習無條件支持孩子，並給予在場陪伴的感覺；一起學習與孩子合而為一之後還要能面對自己心靈的暗夜、經驗內在的死亡，才能帶著孩子飛越自己的陰影。

這本書與其說是華德福教育現場的「教戰手冊」，不如說是一本針對華德福的教師團隊一起學習人智學的心靈本質之團體動力與歷程的書。它不是一般典型的個案研究，不是試圖以理性的分析並且快速掌握的診斷手冊。

本書作者舉帕西法爾的故事，除了學習深層同理心外，聖杯還有一個重要的隱喻是：你不能單獨前往，要帶著你的兄弟，才能完成使命。這就是兒童研討的精神，你不可能獨自完成，這是團隊學習的任務。

要幫助一個個體的意識轉化，是人類進化的使命，他得在群體中互相提攜、互助互補才能走上「聖杯」的旅程啊！

張宜玲

海聲華德福教育機構負責人

推薦序三

尋尋覓覓　關係中的關係

1996 年開始學習人智學、學習華德福教育，沒有任何一次學習或任何一本書令我如此感觸與不斷地咀嚼，幾度極端地處在冷熱交織中，昨日、今日、明日生命中的你、我、他，猶如沉重馱負的背影和無形的包袱，同時卻也在秒間不斷出現一道道的金色光芒射入眼簾、映照心海，恍如夢裡獨一無二圓滿的宇宙，畫出了一條條的道路直通家門、直通天堂，也直通地獄。清晨醒來，夜鷺在耳際輕聲訴說種種前塵往事，聲音逐漸沙啞，牠沒道早安，飛走了。

這本看似可以成為在現場教書老師們實用指南的書，的確是可以成為教師們認識瞭解孩子、建立團隊合作關係的葵花寶典，但不僅如此，它也是一本多重定義的書籍，這書的任何章節都為人類生命的不同角色佈滿金色光芒，對於孩子的圖像與成人的責任，以及進入責任的進行步驟是那麼簡約明白。在濕冷的蘭陽冬季仍存短暫冬陽，護送黎明掉落的花兒流蘇校園、飄落家園，旋轉旋轉再旋轉，時間的空間引領著出離的支架，支撐春秋之間的過隙，繫住榮枯的夏與冬。成為教師自我鍛鍊的第一招是深度瞭解孩子，自我認同的第一招是認識自己與所處的時代環境。

當你可以和自己內在達到最親密的連結時，自我意志就被烘焙出爐，實踐真實面對生命任務，喚醒自己內在靜默的力量，則在轉念中可逐漸享受反芻的自在幸福。若教師將所學所思在心中注入重新的循環，專心一志集中思考，書中所言感知感官可感覺到的、將孩子當成謎一樣來感受，那幸福的法則不就是喚醒那個內在真實的我與孩子合而為一？

教育現場多少教師虛弱、焦慮、無所適從，受苦的心帶著靈性與物質衝撞所造成的深刻苦痛與深深裂痕，恐懼因應而生，何其無奈！人們世俗觀點無法拋棄，超越之心無法久留，大人們面對孩子出於本能的興趣及與生俱來的天賦能力、感官本質等均已不再受到重視，孩子需要的往往只是父母的耐心陪伴，父母、老師不容易相信愛與關心就可取代一直阻礙他們瞭解孩子的種種困難，而只一味的在對錯好壞中正面對抗，這是作為教師、父母的噩夢。在現實、在記憶、在身心、在社會、在世界、在超現實裡，本書在每一個進行研討會的次第作法中，紮實呈現可作用在生命任務與生活裡每一個機轉的時刻，而且幫助我們更為深刻地理解孩子、理解生命的奧秘。身為教師，我們必須在這世界裡覺醒，也才能在這世界中找到自己，承受個人生活的悲歌，從鏤空的靈魂中悠悠甦醒吧！屬靈的生命真誠、熱情，在靈魂中保留一些記憶，不管是悲傷的、喜悅的、酸甜苦辣的，如果我們將深藏在記憶裡的事物重新挖掘出來，反芻的意義將更加鮮明自在，一點無需千瘡百孔的虛假睡眠。

期待當我們在閱讀此書、使用此書時，「每一個生命都是平等的」、「愛與真誠」進入我們的意識與行動，也讓我們每一個

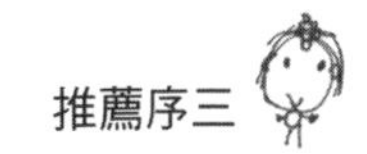

人都能保有不同的思維空間。共勉之。

張純淑

審閱者序

認識一個崇尚宇宙法則的「兒童研討」藝術

若從目錄估量這本書《我是你：華德福教育學的兒童研討會》，感覺上，應該是簡明易懂的；然而當深入探究書中的每一頁，事情就不再是那樣了！「凡事若要安定、持續且往目標前進，就必須以藝術家的方式對待之。（註 12）」因此，若能以藝術家的態度學習，相信每個人所追求的，必將能落定、進入存在。教學是門藝術，「兒童研討會」更是一門深奧的藝術。在讀者面前，本書作者安娜・賽德爾（Anna Seydel）以極美的藝術形式，以煎熬過的觀象、靈感及直覺的詩按部就班地貫穿、演化華德福教育中非常重要的「兒童研討會」知能與藝術，而這也是本書最精采，卻也最深奧之處。

研究成長中兒童（出生至十八歲），對於教育及教學專業，絕對不可或缺；也唯有透過深度的認識，並盡可能地理解兒童，且根據兒童的需求與發展設計適性的課程及活動以回應、滿足、啟發、引導兒童的潛能……，教育工作者才可能說自己真正地教育了兒童。然而，在這世界上，幾乎所有的成人都知道，理想的教育及教學專業，與事實相去甚遠！正如推動人智學治療教育——Camphill 運動——的創始人卡爾・柯尼希（Karl König）說：「兒童尚未被徹底『認識清楚』，因此還未被『解救』……。」確實，有許多人的心從小即開始飽受苦楚；然而，

即便長大了的他們也不清楚他們「虛弱、尋尋覓覓、受苦的心是靈性與物質的碰撞形成的。（註 7）」截至目前為止，一般教育的研究領域尚未觸及身心靈的議題；換言之，在該議題清明之前，人心之苦，以及人心之苦的解方也就難以預期了！

感謝賽德爾的出書，不過，能成就這本書絕非偶然；特別是從賽德爾的學經背景與工作職掌來看：三十五年華德福學校的班級導師、華德福在職進修學院的講師、華德福教育學院的創辦人、人智學的推廣者，以及以人智學為基礎的治療教育大會、優律司美治療師大會、教師和教育專業人員靜思大會……等的講師職和主持人職，可以一瞥賽德爾如何透過不同面向的活動靈修、聚集經歷，以預備她在「兒童研討」領域上的實踐與貢獻。

賽德爾是個充滿愛的人，她說：「當我們在兒童身上投以關心，努力地認知他們的同時，也等於給予他們自我體認的機會，讓他們接觸到自己、感受自己，並認知自己。」賽德爾是個充滿靈性思維的人，她建議教育人員或老師將兒童視為一個待解的謎；她提出三個謎題探究兒童：「你是誰？」、「你從何而來？」、「你要去哪裡？」隨後，她又提升視野，將謎題放入康丁斯基所盛讚的宇宙法則裡：「藝術只有直接與宇宙法則接軌，並從屬於宇宙法則，才見其偉大。（註 13）」原來，賽德爾是以人智學中高階宇宙的認知方式——觀象、靈感與直覺的靈性知能帶領「兒童研討」；教師要由外而內層層剝繭般地先共同確認「看見」兒童，然後確認「聽見」兒童，最後再以「愛的認知」在教師團隊中頓悟並引導出兒童潛在的奧秘本質。由此歸納，教師投入「兒童研討」的實質工作，一方面根本是針對教師自己的「吾」進行培訓；另一方面是教師從參與「兒童研討會」中更成長自己在社群中愛與自由的能力。原來，這是一條道路，一條邁向靈修的道路。以本書為典範，相關於「兒童研討」的觀象中「看見」、靈感中「聽見」，以直覺等的學習，教師至少可以查考施泰納博士的《人的普遍智識》第二講、第六講，以及 *The Evolution of Consciousness as revealed through Initiation-Knowledge*《意識的演化》一書。此外，為更熟習宇宙法則的「兒童研討」，建議資深的教師可以逐步更有意識地進入以下步驟：

步驟一：預備靈性的觀象力，由外而內感知兒童，從圖像中看見兒童——「是誰」

步驟二：確立靈性的聽見，及與兒童共鳴的靈感力，從而真實地領悟兒童——「從何而來」

步驟三：確立以愛為認知，與兒童的本質相遇，在靈光中直覺地知道兒童——「要去哪裡」

觀象的能力，是一切藝術創造的基礎，是靈性世界中形成真理圖像的活力。一般人的思想是抽象的，施泰納說：「人的觀念不僅只能停留在『思考』中，還能在思考中『看見』……」。諾瓦力斯（Novalis）說：「外在是一種處於神秘狀態的內在。（註 5）」所以，我們可以從外在的審視獲得內在狀態的訊息。奧古斯特・馬可（August Macke）說：「形對我們而言是秘密，因為它們是神秘力量的表現，只有透過它們，我們才能預感神祕的力量……（註 18）」因此，當教育工作者在與兒童相遇時，除了利用自己感知的感官，心靈盡可以充滿興趣地去感覺、關注兒童的外在——已成形的形體，我們的意識也能聯結思想並檢視形成的意識，進而勾勒出清晰的兒童畫面。施泰納稱這種能「看見」感覺、聯結思想，進而建構畫面的能力為觀象力（imagination）——清醒的圖像式認知。在本書中，這個步驟的描述最多，因為這裡最能蒐集具體的資料、最能形成兒童的畫面；最能從兒童的圖像形成中知道兒童「是誰」。身為教育工作者，我們一定要培養在圖像裡工作的能力。

諾瓦力斯說：「將外在事物轉形成自己的部分，讓某些東西成為自己的一部分，是靈永不停歇的活動。」靈感延伸清醒的圖像式認知，觀象已離開感官經驗，啟示性的靈感比觀象更離開感官經驗，成象也更少以外在刺激為基礎。教師經由人智學的靜思靈修可以培育自己正視自己感覺，以及客觀觀察並與自己的感覺深度接觸，最終透過吾而改變感覺。教師可以嘗試複製兒童特定的困難、與兒童的困難合一、苦兒童之苦，以至達成如夢般的「聽見」自己與兒童的共鳴。當然這需要極高的敏感度，而且需要不斷地傾聽、不斷地追尋正確的方向，並隨時準備修正。賽德爾在書中舉例：藝術家「聽見」「有人」對他說：「站住，去哪裡？那線條太長！拿掉一點點！但只要一點點！我告訴你『一點點』！」或者：「你想要讓紅色再有力一點嗎？很好！加一點綠色進來。斷掉、拿掉一點點，但我告訴你，只要一點點……（註 24）」最後，教師才能清明地意識，確立兒童的困難本源，確立靈感（inspiration）的精確性，也才能真實領悟兒童——「從何而來」。

直覺，施泰納說，是從模糊的感覺中起源的；而詩人們常從感覺的活動中收到靈感、受到啟示，經過修正，最後才恰如其分地將直覺完全地表達出來。這些直覺，一如睡眠中的意願，在初始時是無意識的；它必須經由觀象和靈感啟示的歷程進入直覺；直覺只出現在充滿敬虔氛圍的宗教或道德裡，直覺的揭示只能在至高程度地發展愛的能力及靈性化愛的能力之中顯現。換言之，直覺是一個更高階的靈修。預備直覺的能力，施泰納也說過的：「當人走入世界事物和程序的行動時，必須將愛形成認知的力量。（註 38）」所以，一方面教師必須學習使愛的能量化成認知的能力，一方面也需要更積極地投入靜思的練習。當教師具備了直覺的能力，在教師與兒童的本質相遇之時，教師將清楚地在靈光中直覺地知道兒童——「要去哪裡」。

閱讀完這本書，當教師開始能以宇宙的法則進行兒童研討之時，他將知道自己在意識的發展上進入了全新的境地，他知道自己開始能解救兒童，開始能為未來的人類做更切實的服務；他能協助重整失衡的身心靈，讓人的全人獲得自由；也能分享更多的愛、昇華人類的文明，這是教師可以在人類進化上扮演的角色與任務。

林玉珠

於臺中市磊川華德福實驗教育機構

前言

本書撰寫尾聲之際，正好發生德國南部巴登符騰堡州溫嫩登市（Winnenden）校園槍擊案，媒體大幅報導該起案件對社會造成的恐慌，以致偶爾也出現相關更深層、更令人驚奇的某些發人省思的報導。其中包括德國教育學家威廉・海特邁爾（Wilhelm Heitmeyer）於德國《日報》（*taz*）所發表的一篇題為：〈雙重失控〉[2]的文章。

我在此引述該文，主要是因為我認為該文與本書核心有絕對的關連性：希望藉此提醒讀者更正視青少年是否受到以及如何受到周遭環境重視和認同的問題。

德國《日報》以下述這段話做為引述海特邁爾的引言：「青少年集體謀殺行為大都被歸類為疾病的對外表現或命運的結果，然而若要探究其真正原因，就必須探討青少年的成長環境以及青少年缺乏認同感所產生的影響。」

海特邁爾引用了 1999 年美國科羅拉多州利特敦（Littleton）可倫拜高中槍擊案、2002 年德國埃爾福特（Erfurt）校園槍擊案，以及 2006 年德國埃姆斯得特（Emsdetten）校園槍擊案的分析結果。在探索究竟是何種環境條件導致青少年行為失控的過程中，這位暴力行為研究學者發現了青少年社會性分裂的問題。「這是一種認同的問題。誰需要我？誰願意傾聽我的想法？我屬於何處？我具有同等價值嗎？我受到公平對待嗎？我的感覺受到重視嗎？」對於這些人類的基本問題，青少年若無法得到滿意的答案，便會造成認同感的崩解，因為認同感是一切核心的依據力量。

他最終的理解是：「青少年的暴力行為並非因劣質媒體或媒體操弄產生，而是因無法承受認同感匱乏所致……而暴力行為的目的就是為了重建認同感[2]。」

本書主旨在於描述成人如何贏得成長中兒童和青少年的認同以及瞭解其本質與潛在問題的途徑。

然而要達到這個目標的先決條件是，成人不能置身事外，而是必須參與其中，不能只是冷眼旁觀，而必須像德國詩人暨作家克里斯提安・莫根施特恩（Christian Morgenstern）呼應尼采想法所言的：「我對我自己而言也是個未知的國度[3]」。唯有保持這樣的態度，成人才會發現眼前託付在你手上的孩子、親近的青少年也是個謎，一個充滿秘密的國度，這麼想他們才會願意往前跨一步，試圖解開這個謎。

而這正是值得大家竭盡所能爭取的目標。

安娜・賽德爾於慕尼黑

2009 年聖靈降臨節

引言

人的觀念不僅只能停留在「思考」中，還能在思考中「看見」，這個事實影響的層面無遠弗屆[4]。

魯道夫・施泰納（Rudolf Steiner）

兒童認知是一個有別於生命本質認知、事物認知和程序認知的領域，這是一種藝術，先不去考量兒童或青少年行為，而是先學習瞭解其內在。兒童研討會即為進行該藝術的工具。兒童研討會期間，與會者如同層層剝繭般，逐漸對討論對象的兒童或青少年有更深層的認知和瞭解。

在這抽絲剝繭的過程中，魯道夫・施泰納創立的人智學相關之人的智識思想和呈現提供了最關鍵性的協助。任何人只要願意敞開心接觸、研習這項人的智識，並且不斷溫故知新，願意耐心瞭解它，就能幫助人看得更清楚：它讓人的感知力更為敏銳，喚醒人理解他人心靈本質的能力，且隨著時間增長，更強化理解他人想法的深度。

本書描述的方法和步驟就是上述過程的依循方向。在試圖認知他人的努力過程中，人們終能體會到自己的觀念不僅只可以停留在「思考」中，也可以在思考中「看見」。

這些在試圖認知他人的過程中所得到驗證的步驟，就是本書的基礎，本書有詳細的說明。這些步驟符合人類意識的法則，只要這意識是為了認知而轉向這個世界，照著這些步驟進行，即可避免亂無章法的肆意而為，也讓你能更靈活培養兒童的認知，甚或人的認知藝術與技巧，進而能更有活力、更合理、更有前瞻性地運用該藝術。甚至以廣泛的角度來看，藉此徹底改善與成長中青少年的關係，也徹底改變自己與他人的關係。

在本文中我將簡稱所有成長中的兒童和青少年為「兒童」，因此「兒童研討會」的概念也涵蓋了青少年研討會，而會中提及的兒童真實姓名已經過變更。

導入主題

三個問題

外在是一種處於神秘狀態的內在[5]。

諾瓦力斯（Novalis）

我們這個時代有越來越多人感覺人不僅只是外表所見的模樣，他們也越來越期望能夠更深入、更廣泛地瞭解他人，甚至希望能用新的角度和不同的方式面對他人。

這種轉變始於十九世紀末、二十世紀初。當時人們開始對超感官現象的想法徹底改觀：一方面，人們對超感官的想法變得更具體，且逐漸演變成一種需求，渴望探索那種神秘的超感官，並視之為自己內在的親身經歷，而不僅只是一味的自以為是和想像。而另一方面，人類自古以來的群居安全感和理所當然，已經開始崩解，人們連對自己的想法也已經變得脆弱不堪。

現今生活和工作上與兒童和青少年息息相關的人，正在經歷上述的演變，他們在兒童和青少年身上看見了非凡的新能力和天分，但另一方面，兒童和青少年的純真和健康的身心也逐漸受到危及，換言之，孩童健康的童年已瀕臨消失。

人們觀察到孩子們對真理的敏感度增加，也強烈渴求在成人身上感受到真實性，但他們對自我的關係、自我價值的預期、自治權以及期待受到適當對待和重視的期許，也抱持著更有意識的想法。

我曾經看過一位一年級小朋友有一次和老師意見紛歧，哭著離開教室，我詢問發生了什麼事，他啜泣著答道：「她根本不看我！」

對自己看法的改觀，其中一個面向也是渴望與他人，也包括與自己保持明確的距離。「cool」最流行，「不 cool」就遜斃了。此外還包括內在重視對所有人法律方面的平等性、與人相處時感受到保有自尊以及自己的「吾」與他人的「吾」（das Ich Anderer）是否對等的情況。

這從家長會曾討論過的兩個小事件可窺知一二：兩兄弟在吵架，七歲的小弟走到哥哥面前說道：「你用不著罵我笨蛋，我也不會用這種字眼罵你。」

下課時間，十一歲的女孩遇到了法文老師，這位法文老師曾因為小女孩做錯事找了小女孩的父母聊了一下，小女孩開口說道：「老師，你竟然打電話給我媽媽！如果每次你一犯錯，我們就打電話給你媽媽，你會怎麼想？」

即便殷殷期盼，並非所有的孩子都希望成人能夠同意他們的所作所為，而且也不是每個孩子都希望自己的願望能夠得到滿足。但每個孩子都希望受到重視，甚至希望他人對他們的在乎程度更深層、更真誠、更廣泛些，然而現實卻不是如此。事實上，他們迫使成人問他們：「你是誰？」這個問題他們最終還是想要

自己回答，但又不願說出口，他們期待成人是有意識地提出這個問題，期待成人會接受他們的答案，進而也落實在現實中。

另外還有一個問題也是現今幼童最希望得到成人重視的問題，這問題就是：「你從何而來？」原則上這個問題沒有普遍性答案，而是希望每個人現在就能重視這問題，而且人們還能找到各式各樣的依據證實兒童內在存在著這問題，兒童也似乎知道他們擁有靈性的天性，其內在可以回溯到他們出生前的經驗和體驗。兒童常未受他人影響脫口而出的言論即是一例，特別是仍貼近其出生前狀態的幼童。類似的情況如以下範例，是一位九歲男童送給小表妹受洗時的一首詩。男童一家人正要搭車前往小表妹的受洗教堂，小男童突然大喊：「啊！等等，我忘了一件事！」他衝進屋，然後又飛奔回車上，手上拿著自己寫的詩：

> 小嬰兒呀，小嬰兒，
> 漫步在雲朵上多時，
> 喝著香甜的天堂牛奶，
> 萬事逃不過你的法眼，
> 唯獨那地球的深處。

如果「你是誰？」和「你從何而來？」這兩個問題已經引導成人逐漸接近孩子謎樣的面紗，但面對第三個問題，他們可能就沒那麼肯定了，這問題是：「你要去哪裡？」因為這問題的答案無法預測，落在孩子未知的未來裡。而且成人如果誠實地面對這

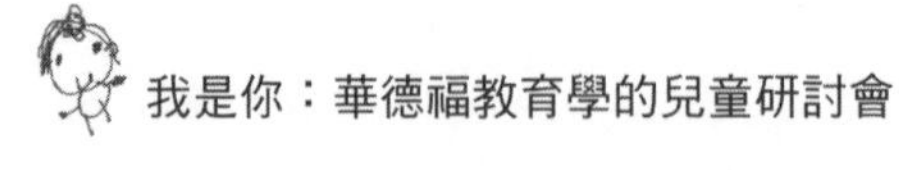

個問題，就必須視自己為孩子未來的一部分，這個未來的走向如何，絕大部分取決於成人面對孩子的態度。然而，成人是否認真看待教育責任的這個問題，卻是刻不容緩地就在當前。

從這三個問題不難看出，一個人不僅是他人在自己身上所感知到的而已。認識一個人的外表，不等於認識這個人，也不能從一個人呈現在外的模樣來斷定一個人的真實樣貌。如果只是從外表詮釋一個人，有可能內在對這個人的真實樣貌仍一無所知，因為一個人對他人的想像與真正的他完全不同。

最終，希望透過這三個問題的省思，教育人員或老師能將孩子視為一個待解的謎團，這樣才會有機會，因為謎團具有推動的特性。人只要有那麼一丁點研究的興趣，自然而然就會有想要解開謎團的渴望。但這有時候也可能讓人身陷困境：因為在竭盡所能深入瞭解孩子的過程中，人會對自己有更明確的意識，同時也會不期然地發現自己的弱點，發現自己的極限，進而驚覺在教育這事上一向居於優勢的安全感開始破滅或消失殆盡。於是開始對自己產生懷疑，感到不知所措。忽然間，我們不再是那個站在安全位置上俯瞰這過程的自主性旁觀者，而是身歷其境屬於這過程的一部分。

成人每次試著努力解開孩子這個謎團的同時，也更激勵了那個自己的「吾」，這事實上具有非常正面的教育作用。兒童和青少年對父母、老師和教育人員別無所求，除了期待成人對他們用心和感興趣的程度，就像他們自己面對這個世界，給予他們相對的認同感一樣。

現今的小學新生

身已無天分可言，人應該著眼於心之潛能，即致力於心的發展[6]。

魯道夫・施泰納

現今的父母和教育人員都發現兒童和成長中的青少年的發展不再像過去那麼單純，「孩子們的自主性越來越早熟，相較於過去，內在表現獨立性的年紀也越來越小，大人們也逐漸感覺難以招架，孩子們在學齡前大都已能夠清楚表達自己的需求」，這是父母和老師們在家長會談時一致的共識。

上個世紀初期形成的兒童發展趨勢仍持續進行著：普遍上，現在的孩子已經不像我們以為的那樣，那麼理所當然地內外一致。那與生俱來健康的心境、天賦的適度性、本質的同一性，在孩子身上已經不再那麼自然。如果有孩子看起來很協調，應屬異類。多數孩子的心上彷彿劃過長長的裂痕，這著實讓孩子自己和教育人員都感到訝異。如果孩子出現了飲食障礙、發展障礙、學習困難、行為異常等教育問題，那表示成人在愛孩子、看著孩子揮灑自己而喜悅不已，以及希望孩子健康成長的同時，也驚覺到孩子有不對勁的不確定性。更甚之，如果孩子開始隱藏自己、逃避、獨來獨往不與他人溝通，那這孩子很快就會變得難以接近。孩子一旦開始陷入疏離過程，就難以擺脫了。

華德福學校成立後不久，魯道夫・施泰納曾在日記中寫道：「身已無天分可言。」但緊接著又立刻談及心之潛能，當孩子能夠藉由畫畫表達，也屬心的潛能。

從小學新生的自畫像中挑選出一小部分作品，這些畫作凸顯出孩子對自己的感知。

這位小學新生的自畫像讓人看到他是個平衡發展的小朋友，周遭人際關係和諧、相處愉快，他雀躍地接受在學校發生的新鮮事，這樣的新生已經少之又少

六歲到七歲的孩子通常就會出現一些嚴重的障礙，從這位六歲新生的自畫像中看得出來，由於他還受限於生理發育階段，肢體靈活有限，就像一般人普遍對小學新生所期待的，他們還無法自由地發揮自己或畫出他們天馬行空的想法

另一個孩子的自畫像像是對場景看得很清楚的觀察者。因此，圖中並未畫出和孩子一同感受世界的軀體以及做為展開意志的感官的四肢。他一開始只畫了一個頭，有人問他：那你也有腳嗎？他才補上兩條線，看起來就像連接頭部的脖子部分，但那是他的雙腿。這表示這孩子認真看待他身邊發生的每件事，不會刻意去感覺、去理解這些事

這小男孩的自畫像讓人注意到他異人的敏感度。畫中人物下方一片美麗綠色的圓形地球，坡度對他來說太陡了，他沒有腳，但卻裝上了無數個的天線。附近的風一吹，他可能也會跟著隨之搖頭晃腦。他的房子雖然有窗戶，但整個房子看起來好像是稻草屋，並沒有真正的屋頂

這位一年級新生把自己畫得支離破碎。這樣的一幅自畫像讓人不禁聯想到深陷嚴重危機的成人自我解析

這孩子想放風箏，但他沒有手可以拿起風箏，也沒有腳，而且風箏還缺了能飛上天的線和尾巴。張著大嘴的孩子顯得相當無助，他一副怒髮衝冠樣，因為他才剛發現，眼前正要進行的事無法實現，因為這個孩子缺乏合適的身體架構，無法運用身體去實現他的天賦

父母和老師越來越常面臨上述的情形。原則上他們都很注意孩子的一舉一動、關心他們的成長，但如今以下的情況出現頻仍：

家長對孩子出於本能的興趣、理所當然的關心以及與生俱來的教育本能不足以完全感知孩子或搞懂孩子究竟需要什麼。如今，成人已無法斬釘截鐵地深信大人對孩子的愛和關心就是真正瞭解兒童或青少年本質的保證。很多情況下，大人因自身面對看似絕望的情況而反應笨拙、不知所措和沉默阻礙了他們去瞭解孩子。

> 虛弱、尋尋覓覓、受苦的心
> 是靈性與物質的碰撞形成的。……[7]

這是俄國畫家康丁斯基 1910 年對當代情況的看法，而這情況至今仍未有改善，反而更形惡化了。我們如果不想認命於這種情況，就必須更積極地正面對抗。

關注兒童的必要性

> 兒童尚未被徹底「認識清楚」，因此還未被「解救」。對我來說，顯然這也是我們在治療教育學上特別的任務：透過認知解救人真正的內在本質[8]。
>
> 卡爾・柯尼希（Karl König）

面對自己的孩子或受託教育的孩子發生問題時，對父母和老師而言，最糟糕的情況莫過於不知道可以和誰誠實地談論孩子的這些問題。如果可以和他人商討，簡單的意見交換往往就能讓自己跳脫瞠目結舌的困境，重新看見孩子，而且能突然間覺醒看到其本質的一些層面，頓時感覺再度擁有可以適當的方式面對孩子的能力，關係也能因此獲得改善。

在小團體中以及不預設嚴苛條件的情況下即可粗略進行類似的對談；透過電話也是可行的方式，原則上，進行這類對談時無既定方式，也可以各種方式進行。但有鑑於兒童逐漸成長期間各種情況的改變以及其基本上丕變的心境，不能再將認知兒童的這個任務寄望於偶然，而是必須有意識地走向兒童。

第一所華德福學校 1919 年於德國斯圖加特（Stuttgart）成立，在魯道夫・施泰納擔任該校負責人期間，教師會議時會定期針對個別兒童進行討論。魯道夫・施泰納自己也會不時觀察這些孩子，他當時針對相關問題的回答，可做為每位教師的基本依歸。自此之後，所有華德福學校以及採華德福教育理念的機構也開始舉辦兒童研討會，兒童研討會在教師會議上有其一席之地的傳統延續了十多年之久，但距今也幾乎是一百年以前的事了。即便華德福教育最初幾十年例行進行的兒童研討會一直擁有正面評價，但也逐漸不受到教師同事們的青睞，慢慢沒落了。

兒童研討會沒落了一段時間，大家沒想太多就接受了這樣的情況，然而之後學生的問題增加，教師也因此更加不知所措。校方逐漸開始重新進行兒童研討會，後來學生們層出不窮的問題使得兒童研討會無法負荷，兒童研討會勢必要轉型為具教學法的形式。目前許多機構有意重新進行兒童研討會，但改以新方式進行。

如果只是針對兒童問題粗略對談，則無須特別的形式，因為一起對話、互相商討就有助益作用。但若是會議會談，則需要有計畫的安排、在預設時間和設定框架範圍內發展縝密性、藝術性、社會性程序，該程序必須以和緩的步驟並盡可能涵蓋所有面向的看法。同時最重要的是，進行這類會談的每個程序時都必須謹守客觀的法則。

關注的作用

意識心時代，人類發展中的重要脈動必須來自人與人彼此之間關注的提升[9]。

魯道夫・施泰納

當兒童出現某些成人們無法接受或在社交上造成困擾的特性時，原則上就有進行兒童研討會的必要。當成人發現孩子開始像謎一樣，無法理解孩子的行為時，如果能夠多關注孩子，有時候問題就能有所改善。對兒童投入關注可能就能產生深刻且完全出乎意料之外的效果，因為兒童只在回應我們的關心和我們專注力的光環下才會與自己達成一致。當我們在兒童身上投以關心，努力地認知他們的同時，也等於給予他們自我體認的機會，讓他們接觸到自己、感受自己，並認知自己。

有時候這種過程出現得很和緩，不會立即被察覺到，但也可能瞬間出現關鍵性的改變而引起訝然和讚嘆。然而這種感受甚少會聯想到與先前為兒童所做的努力有所關連，反而是被視為一種偶然。

定期進行兒童研討會，就能提高感知和歸納兒童變化的敏感度，這些變化可能出現在兒童的心或社會性表現上，但也可能攸關其生理發展或影響兒童想法的重新定位。

舉以下三個小例子說明：

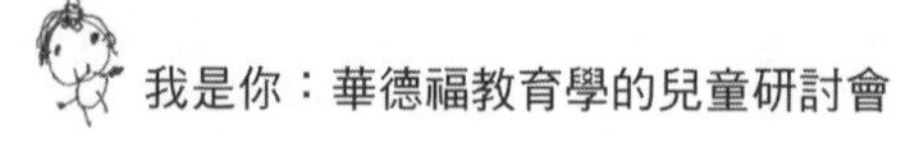

萊裘和他漂亮的頭髮

萊裘是歐洲北部一所華德福學校的二年級學生，他臉色蒼白、沉浸在自己的世界，肢體動作輕柔，有頭如絲綢般栗子棕色的長髮。老師對他很頭痛：他對什麼都沒興趣，上課不參與，對周遭的人也漠不關心，他的行為舉止就像個青少年。

校方為他進行了一場兒童研討會，於是我們有兩個人來到他們二年級的教室觀察他上課的情形。我們發現，萊裘不時擺弄頭髮，同時還不由自主地雲遊在自己的世界裡。我們真恨不得伸出手撥開遮蓋他臉龐的漂亮頭髮，讓他再也沒機會整個人躲在長髮裡，但我們沒和任何人談起這項觀察。

隔天，學生們來參加會議進行自我介紹，但卻不見萊裘蹤影，我們感到錯愕，因為我們希望所有老師都能看到他的行徑，但他卻沒來！其實我們都錯了，他來了，但他剪短了頭髮，徹底剪掉那一頭長髮。他的變化太大，所以我們沒有立刻認出他。短髮的他看起來稚氣、清新、有自信。突然間飽滿的額頭變得特別顯眼，和前一天相較之下，他整個人看起來明顯矮小，年紀也更小、耀眼、更有型了——反正我們就是認不出他來。

萊裘可能就像那麼突然剪掉的頭髮，因為陌生成人對他投以關注，而讓他掀開面紗，覺醒到周圍世界的存在。

雅各發現了他人的存在

雅各是個熱情、好動、動力十足、個性衝動的一年級學生，

他因嚴重的社會性問題而受到注意，他傾向有暴躁的反應，且常與同學發生肢體暴力，引來對方強烈抱怨以及嚎啕大哭。老師們對他非常頭大，同學的家長也隨時如驚弓之鳥，沒有人可以導正他的行為，警告對他也沒輒。他的老師開始思考他是否還適合待在班上接受教導。於是我們試著去觀察他，並在小組會議時進行意見交換。

隔天早上我們的努力開始出現了作用：我站在校門口，和上學的學生打招呼。雅各來了，他走進學校，一隻手握著小花束，筆直地伸向自己的前方，然後表情燦爛地將花束遞給我，我完全不知道該如何反應。雅各的母親隨後也出現了，雅各繼續往前走，他母親的表情顯得有些尷尬。她告訴我，雅各今天早上跟她說：「花是要送給賽德爾老師的，因為她是我的朋友。」雅各的情況維持至今。對其他學生而言雅各變成了一個隨和、樂於社交、熱心和體貼，以及能感受別人困難，也願意有所回應的同學。

哥爾特和他的瞬間成長

哥爾特是另一所華德福學校轉來的五年級學生，個頭像三年級的小朋友，明顯比同年齡小，一顆頭大得不成比例，像是擠壓在肩膀中間處的模樣。哥爾特一開始就給人一副聰明和謹慎的印象，但似乎不怎麼快樂、對自己不甚滿意、有點悶悶不樂、總是一副旁觀者的模樣，對班上的一切不熱衷，反正就是一切都不合他意的樣子。

幾經詢問後發現，他在原來的班上被排擠，也不算被欺負，但人際關係不佳。雖然他感覺已經融入新的班級，也沒有被嘲笑，但他還是個局外人的模樣，上課時雖然放開心參與，但內心對同學仍感到陌生。

對於這樣的兒童，我們也是盡量多瞭解他，因為這位學生看起來像是處於某種程度的緊急情況中。不久，哥爾特出現了驚人的改變：他的表情一掃不滿情緒，他的頭開始從肩膀的糾結中鬆綁。現在他的注意力開始不經意地由內轉外，同時也開始關心班上發生的事情。過不了多久，他開始主動與他人互動，開始融入班上的人際關係中，整個人也開朗了不少。一年後，他的身高追上了班上其他同學，人際關係改善，發展出屬於自己稍嫌粗糙的幽默感。班上郊遊、團體活動和節慶時，他還擔任主導的工作，展現他謹慎的特性——現在他已經成為醫生。

兒童研討會能協助孩子找到發展的軌道，這是兒童研討會的經驗之一。解救不是人想像得到或決定要做就能做到的，但當它發生時，我們看得見，也總讓人驚訝不已，因為結果總是那麼出乎意料之外。

- 萊裘出其不意地主動決定，突然間敞開心胸迎接世界，願意將他的「吾」的存在感轉移到這個世界。
- 雅各將原本只對自己有關連的人的愛轉而朝外，從而在那裡象元形之經驗一樣發現了其他人，這些人就是自此可承受他的同理心、他的溫暖、他願意承擔責任以及他的愛的

對象。

- 哥爾特產生的變化是，他的自我本質、幽默感、超群的聰明才智以及他的成長力量全部釋放了。

在這三個例子中，都是透過有意識地在兒童身上投以關注，使其「吾」的特性凸顯出來，而與周遭環境的關係改變、流露興趣來的表現。這些孩子無須依據外來的建議、規定或催促，就可能找出他們自己的路。

阻力

如前所述，華德福學校和採人智學理念的機構會在定期會議中進行兒童研討會，但以目前情況來看，這項舊傳統已不那麼盛行了，因此得重新塑造兒童研討會的文化，以適應現今情況提高的需求。許多機構開始尋求協助，希望能以更深層的理解體驗兒童研討會，並重新塑造兒童研討會的定位，但此舉勢必引起阻力。

首先發現的是必須強迫自己下定決心共同關注兒童，外界施加於學校的要求常迫使學校同仁盡力做到本身所能負荷的極限：不斷要求提高效能的壓力、財務困境；學校同仁必須克服的文明問題、制度本身的衝突和更明顯化的人事問題，同時各種不同的意見聲音也困擾制度的成形，並且耗費大量的時間處理。這一切都不容小覷，也清楚說明了兒童研討會可以變化的空間極小。

另外還有來自內在的阻力，內在阻力常被壓抑，但卻影響同仁的情緒，例如：同仁心中常會有以下的疑問：

- 利用兒童研討會的方式，會不會與兒童的關係過於靠近？
- 兒童研討會不會對孩子產生負面影響？
- 可以在會議時公開討論孩子嗎？這樣不會侵犯個人隱私權嗎？
- 對孩子沒有直接教育義務的人也可以參與兒童研討會嗎？
- 如果對個別兒童投入關注，不會忽略到其他兒童嗎？

• 進行這樣的兒童研討會，不會太大費周章嗎？

這些疑慮和問題並非空穴來風，它們盤旋在意識之中，讓我們感覺是有道理的，因此它們由內干擾我們、阻礙我們，讓我們無法自由自在地對孩子投以關注。

除此之外，還有隱藏性的恐懼，例如害怕同事們批評的眼光，他們也許預想了我可能會失敗，我無法處理孩子的問題或教育情況等。舉辦兒童研討會的動機大多是基於已經出現某些問題的事實，而身陷這種情況的人，怎麼可能把自己心裡的想法直接攤在桌子上呢？教師同仁在邀請該兒童的家長來參加兒童研討會時，無論如何他們不可能一開始就欣然接受的。其實也沒人喜歡提出這樣的邀請，因為沒有人喜歡自己的請求吃到閉門羹。

簡言之：我們會產生各式各樣的遲疑和恐懼，這些情緒深植於個人的情感中，不會明顯表現出來，因此更難以克服。而這一切都會對這項偉大的教育方法造成阻礙，使其受到侷限性。

最終，還有來自最私自領域的阻力：進行兒童研討會迫使自己面對自己，讓自己產生自我懷疑；在參與每次研討會時，將自己送上檢驗臺，會讓那個自己心生恐懼。另外也要考慮到兒童研討會的要求極高，並不是每個人都有勇氣輕易嘗試的。

要妥善處理這些阻力只有一個方法：確實諮詢兒童研討會的優缺點、盡力找出自身的阻力和疑慮。若全體老師從一開始在接到贊成和反對的意見時，就能從經驗中找出各自的支撐依據，而不用想像或臆測來逃避，這也是排除阻力的好方法。

除了全體老師下定決心重新恢復兒童研討會之外，還要找到能夠以不傷害個人情感、不違反個人信念或限制個人自由的方式處理上述阻力的途徑，例如，可以利用如下約定的方式：

- 同仁可自由選擇參與或不參與兒童研討會。
- 僅由確實支持兒童研討會的人員參與兒童研討會。
- 在小團體中舉行兒童研討會也是可行的，例如僅由級任老師、學校醫生、優律司美治療師參與，或許再加上學生家長。
- 同仁也可以委請校外人士擔任兒童研討會的主持工作。
- 同仁可至多納赫參加「兒童研討會」的藝術之專題座談會[10]。

對教師團體而言，找到屬於自己觀察兒童的新途徑是一項很吸引人的任務。和過去相較之下，我們較少真正去看清楚兒童和理解兒童。兒童研討會是正視問題以及改善與兒童關係最有效、最棒的教育方法。進行兒童研討會一開始應該慢慢來，可以先從簡單的嘗試開始，在嘗試中讓老師和教育人員慢慢學習具備走進兒童內心世界的能力。不需要每次都要完成兒童研討會的所有步驟，只要有幾個人願意在一起對兒童投以關注，就很有助益了。

當一個人習慣了努力去認識兒童的心理層次，就能逐漸改變與兒童之間的關係，這種努力本身自然就會產生結果。這樣的認識不僅能理解孩子，也能改變與孩子之間

的關係[11]。

這就是兒童研討會的意義。

這樣的陳述讓人為之振奮，表示即便是簡單的小步驟也能踏上認識兒童的道路，而具吸引人之處在於：透過這個過程使人更瞭解他人，不僅是教育人員更瞭解兒童，也增進教育人員彼此之間的瞭解。因此，兒童研討會也是增進相互瞭解的機會、共同進修的工具。這是一種社會性藝術行動：

> 凡事若要安定、持續且往目標前進，就必須以藝術家的方式對待之[12]。

進行兒童研討會的途徑以何為導向？

藝術只有直接與宇宙法則接軌，並從屬於宇宙法則，才見其偉大[13]。

康丁斯基

步驟一：感知

兒童或學生研討會是一種社會性藝術的型態，因此上述康丁斯基對尼仁朵夫所說的亦適用之。兒童或學生研討會只有在被認清其與宇宙法則接軌並付諸實踐時，才能發揮其最大值。

因此我們必須先釐清，在這個關連性中何謂「宇宙法則」，以及在兒童研討會中需與何種方式與具諸法則接軌。

每當我們與想認識和想瞭解的世界相遇時，都會喚起我們做為心，做為有思考、能感受以及有意願者內在的動能。與世界的相遇，依循法則運行，因為我們的心各有不同的情緒，那是依據我們意識所屬的層級、感受到的與世界的相遇而定。

當我們面對外面的世界時，就能感知它，否則我們等於無意識地面對外界現象。當我們有意識地感知時，我們會試著與我們熟知的元素連結。利用這樣的方式我們的外在會與我們熟悉、且過去就認識的元素連結，並進而產生一個我們認為合理的關連性，我們內在檢視著這個關連性，透過這個關連性理解眼前看到的現象。這是一種思考的活動。我們自己勾勒出畫面，並將該畫

面做為記憶再度推到心的面前，它就會在那裡形成我們意識的一部分。在這個活動範圍內，我們在認知的這個層級上清醒地體驗自己。我們可以在這基礎上建構自己，獲得生命的安全感，在這過程中我們客觀地體驗自己。對我們而言，世界及兒童都是我們觀察的客體，但在觀察它們時，我們與它們是分離的。

與世界相遇時，我們意識的第一道基本程序，魯道夫・施泰納[14]稱之為清醒的圖像式認知。兒童研討會也考慮到這種意識的法則。該如何進行此步驟，取決於我們想要認知的物體，在此意指兒童，其進行方法視兒童而定。

感知與清醒的圖像式認知是兒童研討會的第一步。

步驟二：與兒童合而為一

專注地觀察感知的人會發現，感覺也立刻加入所有外來的印象之中。但這一切，大多時候發生的速度很快，會讓我們直接創造出一種心的反應。我們暗自對外在世界的所有印象產生反應，感覺自己屬於它們或對它們感到陌生。當它們親近地接觸我們，我們體會到內在的肯定、融合感、溫暖和歸屬感。當它們陌生地接觸我們，我們的內在反應出距離感。透過感覺我們瞭解我們與世界結合的程度。我們不再是旁觀者，而是成為我們相遇對象的一部分：即所謂的參與者。思想注視著感覺，思想詮釋出感覺，讓我們明白了它。

我們的情緒在融合感和離斥感的兩極之間來回擺盪，在滿載著我們內在感覺的裡面充滿了外在世界的印象。我們在感覺中夢

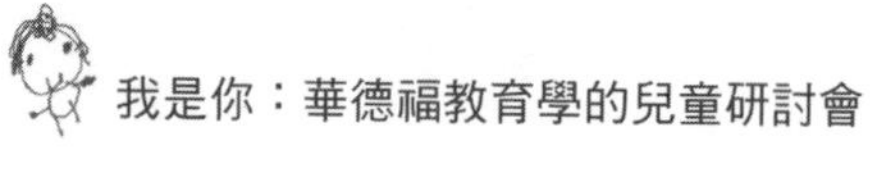

想著，比在感知中還不清醒。這時如果用心觀察，就能察覺我們自己雖然感覺內在存在，但意識上卻無法影響感覺。顯然地，在沒有我們的協助下，感覺以與世界的同在者、既存者以及在我們心裡的作用者角色，自動地在我們的心裡發揮作用，我們一開始無法掌控這些角色，也不曾特別參與它們的形成。

但如果我們理解地正視我們的感覺，並開始觀察它，就能客觀地觸及它。同時還能學習透過觸及我們的吾而改變感覺。例如，我們可以將一時衝動激起的感覺抑制下來，抑或者面對外界印象時我們可以產生由我們自己本身和特意引起的感覺：例如，我們在內在複製一個隨意發現的型態，利用這樣的方式在我們內在感覺它或當我們將他人的苦惱視為自己的苦惱去感覺時。這樣就會從與世界的自然、夢幻的關連性中產生一種感覺，一種做夢的靈感式感覺，一種和藝術感受相近的感覺。於是，我們的感覺就會開始向我們傾訴世界深層和隱蔽的部分，我們的感覺也會因此提升到另一種新類型的感受。它會變成一種做夢的靈感式感覺[14]、一種漂浮夢幻的合聲，與兒童一起共振，與兒童合而為一的共同感覺。

在兒童研討會也要有意識地運用並形成我們與世界間這種程度的關連性。

朝這種延伸的認知可能性、轉向做夢的靈感式感覺即為教學式兒童研討會的第二層級。

步驟三：本質的相遇

我們以意願者的角色與和我們相遇的世界走入一個不同於以往的延伸關係中。在這關係中無須保持清醒。我們在這裡體驗我們與世界在生存上互相依屬，用極端隱約的意識，即用沉睡的意識體會[14]。

我們無法有意識地察覺到被我們吸收的實體在消化時所進行的程序。我們同樣也無法察覺到我們遇見的外界印象在佔據我們的內在時所採取的途徑，例如：我們將在閱讀中產生的或在遇見某事物中發生的印象，內化成我們的經驗過程時，我們無須察覺那些途徑，但這些經驗仍會建構我們體質的一部分。當我們面對世界，產生新的認識和印象時，這個佔據我們內在，吸附著我們的元素就會扮演了重要角色。它會決定我們的反應。但原則上這種過程在深層的無意識中進行。我們只是迷迷糊糊地體會，卻無法言喻那股想要做點什麼的脈動從何而來。

從沉睡意識的深處，突然出現想在某特定情況中做什麼的想法，就像適度預期一個特定的事實情況。那是無意識、非常隱蔽的想法、具教育和治療作用的想法。我們於是知道，這件事情要求什麼、這件事情衍生出什麼，但原則上卻找不到有說服力的理由，理由反而會在想法之後才出現，並在事後得到證實。魯道夫・施泰納稱此過程為睡眠的直覺意願，直覺就是隱約的確實的安全感的基礎，有了這種安全感我們才能實踐想法。我們跟隨著具教育或治療作用的直覺，直到我們正視我們行為的後果時，才會覺醒。

但沉睡的意識深處也能融入變化，例如：我們在教育兒童時，腦海裡對兒童的情況、兒童的發展狀態、兒童的需求勾勒出明確的想法。我們無須在我們必須有所行動的那個剎那特別注意，但我們的涉入自然會適度改變方向，因為我們已經有了如何處理這件事的靈光一閃和想法。此刻，在正常情況下沉睡的意願就會變成沉睡中的直覺式意願，而與我們有關係的對象或人的法則就會像一盞燈一樣，從外照入我們內在沉睡的直覺式意願中。從這之中即可明白魯道夫・施泰納所言：「但當您從事人智學時……就能激發您內在的教育天分」[15]。

在兒童研討會中也會有空間進行此步驟，進行該步驟有其途徑。這些途徑帶領我們進入自身本質深層的無意識，我們沉睡的存在黑暗區，但那裡有脈動從沉睡意識升起處，而脈動是我們行動的根源。

睡眠的直覺式意願之處理方法是教學式兒童研討會的第三步驟[14]。

步驟四：可溝通的概念

緊接著是步驟四，但此步驟的重要性不足以被認可，因此還未能形成兒童研討會的一個層級。該步驟是以以上三個層級正視兒童本質的察覺和認知程序結果轉化成一個可交流的畫面，即，將所體會及已獲得的元素轉換為邏輯概念。

在我們努力認知我們內在深層的無意識過程中，我們的一切

行動都涵蓋於此，這一切必須變成清醒的圖像式認知，凝結成一個概念、一個可表達的畫面、一個清澈、可傳達的認知，它們必須可以溝通。這個步驟只能各自自行完成，因為每個人也只能從自己本身出發去瞭解兒童。

但每個人可以透過對談勾勒出自己內在的那個畫面，讓該畫面可以用言語表達出來。這畫面就能逐漸形成輪廓，解釋會談中要表達的是什麼，藉此也能幫助其他人體會那個畫面。

如果在兒童研討會上無法產生可溝通的概念、清楚的兒童畫面以及具教育療用的想法；抑或思想無法透過語言清楚表達，那兒童仍是個謎，情況依然無解。但如果有了清晰的兒童畫面，且隨著該畫面的出現具有其說服力，那會議就能此以為導向，我們瞭解兒童，接近兒童本質的希望就能實現，然後知道他們需要什麼。

兒童畫面就是兒童研討會的第四個步驟，該畫面源自直覺層級的結果。

這四步驟形成兒童研討會從屬的基本法則，且兒童研討會能在這四步驟範圍內發展成認識兒童的藝術，這就是一種宇宙法則。由於每個人都有意識，因此每個人都能參與其中。該法則不是個人想出來的，而是烙印在每個人身上，可以在每個人身上察覺的。在努力進行認知步驟中依循此法則者，它會帶領他們認識兒童，讓他們知道兒童需要什麼，並讓他們找到願意幫助兒童的脈動。

這股脈動從深層的無意識浮現時，就發揮了作用，然後在意識光明區的過程中被擷取成畫面（請參閱第 57 頁的圖）。

認知後緊接著就是具體處理這些教育想法之事宜，即實務上的實踐。而如何處理的問題就是每個人的教育責任了。

兒童研討會過程中的教學法途徑

感知感官可感覺的

當人們聽到一首詩的某詩句、樂曲的某個小節，就能掌握整首詩或整首樂曲。透過一個字、一個眼神、一個姿勢、一個走路的模樣，甚至連髮色也可以，就足以認知一個人的本質[16]。

亞諾爾德・遜貝格（Arnold Schönberg）

感興趣和關注：把兒童當成謎來感受

想要完全感知兒童或青少年的生活態度，別無他法，只能對他們投以關注。這點之前已經提過，關注可以讓人們把兒童當成謎來感受，並開始解開謎，感知現象。因此，有必要在此再看看這一點。

一般來說，在遇見兒童的時候，我們能立即看出兒童的個性特色，而這還參雜著意識以及依據經驗來看，也常還有對所感知的粗略判斷或解讀。因此，最好一開始先不要注意其他的，只要專注在感官感知得到的部分，其中可能還包括如加入母親或老師所述的經驗內容，只要能清楚分辨是由誰感知：是自己或是其他人即可。

對於願意投以關注的人而言，他們能夠很快地、且完全從自身開始為兒童覺醒、越來越清楚地感知兒童、意識到兒童謎一樣的神秘。對兒童的感興趣和關注會帶領人們進入深入感知他人的程序中。這就是在兒童研討會中首先要涉及的部分，兒童研討會時可分組、分段進行，在小組中每個人將注意力專注在特殊性上。

感知兒童的外在

在一開始的最早會議時，我們可以感知、看見所有屬於兒童外在，在空間中呈現已知的因素。兒童站在我們的面前，我們看到他的身形、他的身高、頭形、體型和四肢、他的臉、眼睛和瞳孔的顏色、額頭、頭髮和髮際、眉毛、耳朵、嘴和下巴，我們可以觀察，然後提出問題：

- 他的皮膚、皮膚鬆緊度和膚色如何？
- 髮際、頭髮的密度、頭髮結構和髮色？頭髮滑順或蓬鬆、細或粗、如絲般柔順或散亂？有髮漩嗎？
- 額頭長得如何？天庭飽滿抑或兩側有頭髮遮住而使額頭狹窄？
- 臉型如何？寬或窄？高或低？外凸或內陷？
- 眉毛、眼睛的形狀、眼睛和鼻子彼此之間的位置配置如何？嘴巴和牙齒看起來如何？
- 四肢長還是短？纖細或粗肥？

• 兒童的背部、肩膀和膝蓋活動及彼此間的相互位置如何？
• 雙手、雙腳和手指長得如何？

當人仔細觀察兒童時，就能看見人與空間之間的完整關係，其實也不必逐一去想以上所列的所有項目，但這對初學者很有幫助，隨著時間，人們看見本質的眼力會更銳利。

有些治療師和教育人員可以馬上從牙齒或耳朵瞭解到有關兒童的重要訊息，因為他們懂得讀取外在形狀的語言，無須費力地慢慢拼湊。但初學者一開始應該先學理解「字母」。人無須將整個人按字母逐一拼湊出來，但應意識到整體外在的每個字母都扮演著一個角色，當一個人面對每個細節自己出現讚嘆、驚訝、敬畏，然後逐漸出現最大專注力時，每個字母都屬於呈現這個人的一部分。

感知生活態度

從兒童的外在我們也可以先感知一些其外在想要委婉表達的許多事情，例如一個人的健康情況和他的生活態度。如果兒童患有哮喘，人們很快便能發現。但如果兒童常頭痛或常感到不舒服，有些食物他就不常吃；如果兒童對光線、聲音或氣味特別敏感，那我們在關注他的時候就得更加努力才會明顯感受到這一點。我們或許還發現，他的生活態度受到限制。在這種情況下，我們應該認清在這種關係中這兒童會出現什麼情形，有可能有聽覺或視覺、呼吸、消化或行動方面的問題，健康狀態的整體現象也適用於觀察。

生活態度也屬於這方面的一部分，生活態度雖然不像健康狀態那麼顯眼，但在觀察時可能逐漸顯露出來。例如，怎樣才會發現兒童的興趣和愛好或厭惡？之前學校有個一年級學生，他對什麼都不感興趣，唯獨喜歡手機和電腦，他還能跟老師滔滔不絕地介紹這兩項產品，但對手指偶遊戲他卻一點也沒輒，編織他也不愛學。另一個學生在一年級快結束時就認得他出生城市的街道網、地鐵網路和公車網路以及這些網路的所有站牌。另外還有一個四年級學生會彈奏鋼琴鳴奏曲，但卻連他自己居住那一區的地理位置都不太清楚，還經常迷路。

在此要求的是對整體生活態度領域的感知，例如身體的需求、休息或活動的需求。在達到新行為的呈現方式和反應前，可能會不斷地反覆發生：從兒童個人天分、興趣、偏好和個性特性、記憶以及性情的所有種類，一直到僅能微微感知到的良心脈動等，都是觀察涵蓋的項目[17]。

外在印象會帶領人逐漸接近兒童，我們會發現我們自己的專注力開始慢慢地在觀察上吸附和環繞。突然間，腦海裡會想起某個人的鮮明畫面，同時還能看見一開始完全不曾意識到的細節，雖然那個人已經好久不見了。那個人的畫面像變魔術般出現在回憶者的眼神前，人開始意識感知的東西會釋出神秘的肢體語言的對象，這些肢體語言與人類肉體化、找到存在途徑的獨特性息息相關。

感情與社交的表達

如果我們願意特別注意兒童在心和社交方面的表達、瞭解兒童在心方面如何與環境共處、如何與環境取得一致，以及如何對環境產生反應，就能為自己開發一個更寬廣的感知領域。

我們專注這些表達本身與感覺達成一致的部分，但也注意與感覺關連的意願和思想的表達。學生是如何以及以何種方式注意自外界傳至他身上的感官印象？他意識這些感官印象的程度為何？他有何反應？他敞開心胸欣然（sympathiehaft）接受這些印象？他的心表現參與？以及，從哪裡看得出他的這種參與度？或者他從周圍退縮，停留在自己的世界裡，望著自己的內在或甚至完全封閉起來？他的希望和渴求朝向何處？他受制於他的希望和渴求或者自主地面對它們？

一個人和他的環境之間有很多不同種類的輪換關係，這涉及到語言和非語言溝通的所有差異性、尚未成形的即時接觸、人和世界之間廣義擺盪、融合感和離斥感之間的呼吸以及不斷改變的一切。不間斷的音樂、彩色情緒事件和呼吸事件，有時候意識之光在這些事情發生時大放光明，有時候又黯淡無光。

意願、意圖的表達

此外，人能專注在兒童意願、意圖的肢體動作上，看看兒童如何掌握自己的吾，如何走向世界和其表象。這是兒童在他的意圖中顯示自己是個人意願的領域。人可以先注意兒童如何站起來？頭怎麼擺？眼神的方向？兒童在打招呼時，對著別人的手是怎麼伸的？如何抓住、固定或放開東西？走路時步伐怎麼跨或轉身？

也能觀察兒童如何開始進行任務，例如，如何將樂器拿在手上？如何拿工具？如何抄東西？如何組織一篇文章或圖案或一般性的工作？在這所有活動中兒童如何存在？如何讓自己在這些活動中表現存在？

再加上言語表達的領域，兒童說話清晰度？子音或母音較強？有連貫性或無慣性？兒童的內在與所說的一致？他說話前的準備如何？呼吸節奏？在說話的過程中，他如何呈現自己的意願？

最後此時要觀察的是人如何積極地活在自己的思考中？他用什麼方式聯結思想、發揮思想、接續思想、塑形思想、保留思想或遺忘思想？如何表達思想？他如何讓人瞭解一個意圖或渴求，在思想進行中，究竟是不連貫，或是有結果存在。

命運的肢體動作

肢體動作和細節，一個人具有命運特性的履歷，也能透露很多事情：兒童如何來到這個世界？歷經哪些疾病？他的家庭情況如何？他的家庭環境？他到目前為止的求學經歷？失去與自己親近的人時有哪些體悟？這一切都屬於這個人的一部分、他的一部分履歷、他的一部分吾。這些經驗不僅烙印記入這兒童的整個身體內，即烙印記入其器官最內在的形成，而其器官便是其整體本

感情與社交的表達

如果我們願意特別注意兒童在心和社交方面的表達、瞭解兒童在心方面如何與環境共處、如何與環境取得一致，以及如何對環境產生反應，就能為自己開發一個更寬廣的感知領域。

我們專注這些表達本身與感覺達成一致的部分，但也注意與感覺關連的意願和思想的表達。學生是如何以及以何種方式注意自外界傳至他身上的感官印象？他意識這些感官印象的程度為何？他有何反應？他敞開心胸欣然（sympathiehaft）接受這些印象？他的心表現參與？以及，從哪裡看得出他的這種參與度？或者他從周圍退縮，停留在自己的世界裡，望著自己的內在或甚至完全封閉起來？他的希望和渴求朝向何處？他受制於他的希望和渴求或者自主地面對它們？

一個人和他的環境之間有很多不同種類的輪換關係，這涉及到語言和非語言溝通的所有差異性、尚未成形的即時接觸、人和世界之間廣義擺盪、融合感和離斥感之間的呼吸以及不斷改變的一切。不間斷的音樂、彩色情緒事件和呼吸事件，有時候意識之光在這些事情發生時大放光明，有時候又黯淡無光。

意願、意圖的表達

此外，人能專注在兒童意願、意圖的肢體動作上，看看兒童如何掌握自己的吾，如何走向世界和其表象。這是兒童在他的意圖中顯示自己是個人意願的領域。人可以先注意兒童如何站起來？頭怎麼擺？眼神的方向？兒童在打招呼時，對著別人的手是怎麼伸的？如何抓住、固定或放開東西？走路時步伐怎麼跨或轉身？

也能觀察兒童如何開始進行任務，例如，如何將樂器拿在手上？如何拿工具？如何抄東西？如何組織一篇文章或圖案或一般性的工作？在這所有活動中兒童如何存在？如何讓自己在這些活動中表現存在？

再加上言語表達的領域，兒童說話清晰度？子音或母音較強？有連貫性或無慣性？兒童的內在與所說的一致？他說話前的準備如何？呼吸節奏？在說話的過程中，他如何呈現自己的意願？

最後此時要觀察的是人如何積極地活在自己的思考中？他用什麼方式聯結思想、發揮思想、接續思想、塑形思想、保留思想或遺忘思想？如何表達思想？他如何讓人瞭解一個意圖或渴求，在思想進行中，究竟是不連貫，或是有結果存在。

命運的肢體動作

肢體動作和細節，一個人具有命運特性的履歷，也能透露很多事情：兒童如何來到這個世界？歷經哪些疾病？他的家庭情況如何？他的家庭環境？他到目前為止的求學經歷？失去與自己親近的人時有哪些體悟？這一切都屬於這個人的一部分、他的一部分履歷、他的一部分吾。這些經驗不僅烙印記入這兒童的整個身體內，即烙印記入其器官最內在的形成，而其器官便是其整體本

質的表達。

母親或父親聊聊他們與孩子的經驗，通常，這樣就具有啟發性了：一位母親談起她兒子從很小的時候，只要一有機就爬上籬笆、爬到牆上、爬到樹上，然後再興高采烈地跳下來：這孩子後來成了雜技家。另一家的小男孩很小的時候就常在房裡興奮地爬行，每當有櫃子門沒關好或地毯的一個角落不平整，他就會有條有理地重新整理好：這孩子後來成為數學家。

如果人內在接受一生履歷的特點，這些一生履歷的特點顯示，成長中的青少年裡隱藏著一個，外在關係上，表現得像他個人特性中實踐這些履歷特點的人、製造他的經驗，學習他特殊的能力，使自己後來能夠自行在其中覺醒。

感知的溝通

在我們與他人針對我們的感知進行交流時，我們即踏入責任的新層級，即一方面面對兒童，另一方面也面對研討會的與會者。正視兒童，表示我們表達的內容，彷彿兒童也在場。此處，分寸的拿捏（Takt）和無偏見是最核心的概念。當人想要針對感知進行交流時，適切的情感（Taktgefühl）和無偏見是基本條件，如果不確定某件事是不是可以說，那最好不要說。

在研討會進行時，我們的感知與他人的感知連結在一起，其具有約束力。在研討會中我學習透過他人的眼睛看到我看不見兒童之處，也區分我或許不明白之處：我的感知不僅改變了，我也藉由與他人的討論更形成我的感知能力，改變了自己及提升了自己，從他人的觀察和感知能力中造就了我自己。反之，他人也受到我的感知影響，他能認同我的感知，自己也感覺受到認同。如果這些感知準確而且細緻，它們便能協助學生進行準確而又有差異化的掌握。如果這些感知不準確且無差異，那這種共同性就能幫助去完整、修正，並明確這些感知。在對談中，感知會明確化、出現顏色、聲音和差異化，在交流中，感知變成一種更貼近認識兒童的合適工具。

在針對感知進行交流時，必須完全停留在描述和說明所感知的部分，避免任何的詮釋、對原因的各種猜測、各式各樣的解釋。這一開始可能難以辦到，但很值得去練習。之後，只說事實、感知觸及的部分，人就能逐漸越來越客觀。

但如果和兒童或他的父母產生衝突，就很難針對經驗進行交流。進行兒童研討會期間若出現這種情形，情況會造成與會者的困擾，那意見表達中出現個人對情況的無法掌控和孩子的失望，描述中言下有責難之意，那整個研討會可能就會瀰漫著不安。在這種情況下，就需要所有研討會與會者，以及特別是主持人的機智果斷力了。但也可能出現有人提出以前不曾說過的新觀點，例如，一生中是否有重大的事件、疾病、厄運。那人即體會到：此時就立即重新出現無偏見的關注，而不會忽略痛苦或客觀難題。

事實上，面對兒童表現出來的東西，一開始應該以觀眾的角度來看，那就會發現只有在這樣的先決條件下才能注意到有益於認知人之本質的細節。

有時候從這樣第一次的兒童研討會為起點，就能引起彼此友

好的深入理解氣氛，因為每個人都警覺別人如何觀察以及觀察什麼，其中不僅能囊括一些自己忽略沒注意到的，而其他人表達的內容或許也顯現了同仁裡尚未發現的意外篇章。

感知方法

除了在自己班上感知兒童以外，還可以感知兒童進學校的時候、和其他人相處以及在操場上的情形，感知的方法琳瑯滿目。但這全都有個缺點，那就是只有人自己在這種情況下體驗這個兒童，而其他人則必須在之後研討會時仰賴我將這情形適當地詳述給他聽，讓他可以適當地想像當時的情況。無論如何，在這樣的描述或報告過程中，人會與三個因素產生關係：即兒童、感知兒童的人以及接收描述的人。而客觀性及直接由自己感知的刺激、興奮卻容易被忽略。

學校月慶期間觀察兒童，有時候對兒童所得的畫面比純粹聽別人描述還要清楚，但也可能發生人被自己在月慶上所體驗到的一切影響太多，而不夠專注在單一兒童身上。

最後還有兒童的畫，尤其較年幼兒童的畫通常特別有說服力，小學新生的畫就已經能顯現這樣的特點。只要稍微練習讓自己深入類似的陳述中，就能從中獲取很多資訊。

讓全體教師感知一位學生的最好方法就是讓學生或一群學生在教育者團體前表演或進行一些活動。一位學生單獨或與其他人一起走向想要關心他的人，然後展示或告訴他們一些事。例如，最近某學校四位高年級學生參加教師會議，報告他們在工業實習期間的經驗。大家所感知的一切無法一一列舉，而每個人在學生身上所得到的個人經驗退到其次。

在另一個學校裡，一群十年級生剛好在優律司美中練好一首曲子，在老師面前表演。這場表演不僅吸引眾人的專注和完全理解的共鳴，同時學生也找到在他們藝術性呈現中表達自己以及凸顯自己意義的機會。

有時候學生偏好單獨站在全體教師前，有一次，一位四年級生和他的老師在默劇中一起準備餐點，這位學生的父親是廚師，這個情景是這名兒童自己希望的，是他自己的點子，整個情況的流程也是他自己準備的。

也曾有雜技團體和跳繩團體、體育、優律司美或主要課程的定期表演或精彩故事的演出，有時候學生和老師之間也有互動，那情況可能會更熱烈。

有些級任老師不知道如何在學生表演時扮演學生或團體的陪伴角色，這是很容易理解的，但他若經歷到兒童這樣的活動這麼正面，且通常也非常受到全體教師熱烈的迴響時，他的疑慮就會消失。

在兒童研討會準備階段，學生在許多同仁之間表演通常是備受爭論的活動，但這些爭論僅止於同仁針對猜測和想法進行交流之前，而不是在活動完成了之後。如果能決定兒童研討會一開始就進行學生表演，即便該表演不是讓人在兒童表演時適當感知兒童最重要關鍵的那一面，但該表演還是應該很有助益。如果同時有多人在所有參與者都能跟上的一個程序中觀察學生，那麼之

後在針對感知心得的交流上就能彼此修正看法，便能呈現真實性和無成見性，且大家都能理解其他人在說什麼。同時，與會者能熱烈地參與觀察兒童或青少年，還能形成最有收益成果的會談情況。

但如果要讓表演進行成功，就必須遵守條件，其中包括：

- 所有人都能確實感知學生。
- 學生能在活動中適當地凸顯自己的意義，應該以他有把握的項目在老師面前表演，不該有可能出糗的感覺。
- 表演空間的光線要明亮，表演學生不得被空間裡的東西遮住。
- 表演內容應該有很多花樣才能呈現多樣性。
- 表演時間約十分鐘（這是表演時間的適當長度）。

原則上必須以兒童本身不得出席研討會為出發點，且其父母親會被告知研討會的計畫。即便是青少年也不能參加討論對象是自己的研討會，因為青少年的發展條件不允許如此。但至於是否告知青少年相關基本訊息，並讓青少年知情全體教師要討論他，則必須個別從級任老師以及其與該名學生的接觸經驗來分析和決定，但基本上是選擇對青少年最好、最值得信任的方式處理。

遵守時間長度

專注於感知，並針對感知進行交流的階段，最好不要超過二十或三十分鐘。在我所參加過的兒童研討會進行期間，我發現基本上談論少數觀察到的細節即可，只要這些細節符合描述兒童的典型特性。因為在一個人的心的每個表達或其經歷的每個細節中都有他整個人的存在。原則上，從每個細節都能看見細節想表達什麼，也因此能出乎意外之外地讓人看見兒童的本質，這就是上述遜貝格語錄所說的意思。

因此，尤其是對還不夠熟練的同仁，重要的是，感知階段要能完整且飽和地發揮存在其內的可能性。全體教師或許必須學習以必要的準確性和認真態度進行此階段，這樣才能避免看的時候流於表面、觀察的時候粗心以及對於感知心得太匆促判斷的危險性。因此針對不同感知層面的細節交流不應該太過侷限。

當開始針對與兒童的相處經驗進行交流時，原則上大家都很投入且興致濃厚，可以針對事實談論，那是完全沒有問題的，因為事實無須爭辯。這時，與會人彼此熱衷於對方的陳述，會議氣氛很歡樂。

但在經過足夠的交流時間後，氣氛可能突然翻轉，然後出現一種飽和狀態，沒有人想再接收其他觀察的細節，而不久後，會出現應該繼續後續階段的氣氛，例如，該有哪些措施。這從會議的時間與主題適當分配（Konferenzhygiene）的角度來看，不僅是想當然耳，大家也樂見該階段相當程度的情感形成。

而問題只在於，那麼現在真正的下一步是什麼？

與兒童合而為一

形對我們而言是祕密，因為它們是神祕力量的表現，只有透過它們，我們才能預感神祕的力量，即「看不見的神」……瞭解形的語言，即：更接近神祕、生活[18]。

奧古斯特・馬可（August Macke）

精闢的點

這一階段，我們被帶領進入一個敏感的領域，兒童已被感知，同仁已交流觀察經驗，彼此熱絡交流了好一會，這都讓與會者彼此連結，但現在需要有新東西出來了，這時候考驗的是主持人的機智果斷力，否則會議上很快就會有人試著進行解釋和詮釋，接著就會出現該怎麼做的初步建議形成。在這樣的情況下，兒童研討會就會在找到診斷結果和治療建議、可以告知其家長這個結果的意識中結束。相較於過去，現在這種情況比較明顯令人感覺不滿意，也可能容易讓教師對兒童研討會產生質疑。但這樣的情況也可能是一種激盪出新意、勇於嘗試新意的轉機，在這種情況下，意指以本文開始所述的法則去執行決定、程序，同理心對待兒童、面對兒童形成一個做夢的靈感式感覺。

這步驟需要高度的敏感度、從自身發起的藝術家式主動感受力，而且此步驟僅在個人自己有意願進行時才可能成功進行。這步驟必須根據個人自由意願進行。

如果同仁間無法進行此步驟，最好老老實實停留在純粹的感知階段，應該不要急於下斷語，也盡可能不要約定進行任何特殊的辦法，否則情況會走樣。

只要一直停留在有明確事實的感知上描述，我們會感覺有支撐、感覺在穩定的基礎上。但隨著踏入做夢的靈感式感覺階段，安全感就離我們而去，必須小心為是。現在要做的是在所有觀察中掌握住個別的、特別醒目和具特色的，然後站在兒童角度的這一點設身處地去感受：手的姿勢感覺如何？眉頭、眼睛或耳朵位置的感覺如何？以及行走的姿勢感覺又如何？只要符合兒童的特性，這些出發點都可以選，並將之提升為精闢的點。歌德如此描述與此處連結的程序：

> 在找到精闢的點前，我不急，精闢的點可以引出許多面向，或更確切地說，該點會自動帶出很多面向，迎向我們而來[19]。

歌德將原則上比較有畫面、通常主要具有回憶性的感知動作轉為一種探索動作、搜尋行為。

教師們也可以這麼做，只需要關注每個特別典型且具特性的觀察和感知，然後從中選出一個最具精闢的，這時可以深入外在的感知、進入存在該感知內的肢體語言中進行模仿。這種對肢體語言的體會能帶領我們直接進入兒童的內在，而感知到模仿的現象會讓我們開始感受到些許這些現象的形成：如歌德所說的，我

們透過這些細微和專注的探索、細緻的體驗，與兒童進入一個內在的關連、和他產生內在的信任，並與他達到最緊密的一致。

有一種能讓自己與物體達到最緊密一致的細緻體驗[20]。

於是我們突然間感受兒童在我們的內在、我們的四肢、我們的呼吸、我們整個的身體內。我們在其中體驗兒童帶給我們的。

我們在這樣微細的過程中所感受的，每個人各有不同，因為這是非常細微的內在觀察，透過強烈意志的感知過程所得，在這些過程中，我們感受兒童的本質。而那個精闢的點變成了我們潛入兒童內在、觸及兒童本質的針孔。

以下範例詳述，教師們曾在這樣的程序中達到了這個精闢點。

程序範例（第一部分）

一所小班制華德福學校曾匯集教育人員進行了一次兒童研討會，這些老師和教育人員描述他們在兒童身上發現且無法處理的異常之處。然後該名兒童表演一些治療性優律司美的動作，並唸出他的生日詩（Zeugnisspruch）*。

* 審閱註：每學年結束時，每位學生的成績單上會附上代表該名學生下學年應該依循的內在發展方向的一首詩歌。學生也可能會在生日的時候收到這些文字，原則上每個星期都會由當天生日的學生在全班面前朗誦這些文字。

這名兒童離開後，有一小段思考、休息的時間，讓每個人整理並衡量一下自己的感知，然後再將所有的感知和觀察收集起來，如此可以避免每個人表達的內容都大同小異。最後選擇最具特色的嘴型、下顎位置和舌型做為精闢的點。於是每個人都不受他人影響，盡量以他們在兒童身上感知的，將他們自己的嘴和下巴部位調整至該位置，也就是以這個具特色的肢體語言模仿兒童。

這樣的交流出現了意料之外的結果：大家開始在自己身上和內在意識上感覺略為不清明起來，例如舌頭不聽使喚，下唇鬆弛，有點潮濕，眼睛向外滑，眼神飄盪、神遊，頭可能抬不起來，而且開始往前傾、形態崩解。但突然間，其子音的微弱能力、不敢接球的懦弱和不安，以及想積極回憶卻很困難的能力間的關連變得明顯起來，結論是：這兒童對他的周圍環境有著毫無保留的融合感，其內在無法與之分離、無法面對它，事實上他夢入了、睡入了他周圍的環境裡了。

與會者驚訝地體驗到，在他們面前的這名兒童在其整個呈現的每個細節裡、其心的情境以及其意向性，都在精闢的點內，他在每個方面都展現其廣泛入身的肢體語言。

做夢的感覺、細微的經驗可延伸至此，且兒童的外表本質被掌握了。兒童在我們心裡開口說話的那時候，就能創造深刻的「**我是你**」之經驗；因為我離開我自己而成為這名兒童，並且與他的本質共生。

> 我們真誠關注，並以最內在參與迎接兒童的心世界及其整個發揮的自身（Sichdarleben）[21]。

其結果為，現在，他和我們遇見時，和以往不同了，他會自動在我們面前展現並呈現很多。透過我們與兒童合而為一，我們經驗，並在我們內在看到這整個有機體（Organismus），這兒童所有體的形成和其心境間的歸屬性。這教導我們不同於以往的方式以及更廣泛地瞭解這名兒童，透過有形的語言以及在有形語言中透露出些許這名兒童在這個生命中所依循的法則。

在這個程序進行中，全體人員肩負著一項重要的任務，克裏斯托夫・維歇爾特（Christof Wiechert）以下述短文描述之：

> 這個程序需要極高的敏感度，因為：轉入的方向可能是對，也可能是錯的，但如何知道它「是對、是錯」？那是一種微細的感受、一種我在正確方向上的感覺。如果不正確，就可以感覺到失去這孩子了[22]。

這種細微的感受不僅存在於自己的內心，也呈現於人進行表達時所面對的團體中。每個人發表的內容在團體中獲得溫和而明確的迴響時，每個人就能感覺自己所表達的是不是確實，因為周圍環境會讓他知道他所表達的心之感知的評價；於是他不僅依賴自己的真實感覺，周遭的環境也會將外在事實所傳達的感知的確定性程度傳達給他。

此處所關係的無他，就是一種最緊密一致的純粹內在的經驗，這還不是最終的判斷、診斷。這種傾向必須有所保留、加以抑制。因為那是一個不知所措的時刻，內心可能感覺一種無助、暈眩的片刻，那是不舒服的感覺。

但如果我們能就此打住，並熬過這種不知所措的情況，我們就能超越做夢的靈感式感覺而逐漸接近我們兒童研討會程序的第三步驟，即睡眠的直覺式意願。

遇見本質——睡眠的直覺式意願

將外在事物轉形成自己的部分，讓某些東西成為自己的一部分，是靈永不停歇的活動[23]。

諾瓦力斯

帕西法爾問題

睡眠的直覺式意願問題包含數個屬特殊觀察的層級，首先我們來看看剛描述過的兒童研討會程序的後續進度。

與兒童一起共感（Zusammenfühlen）會帶領與會者體會到一種「我是你」的純內在體驗的經驗，出現這種經驗時，心會感覺提升和滿足。不過這個時間很短暫，幾乎在體驗的同時，又出現這樣的認知：「現在我已無計可施，這條路無法再繼續走下去；因為現在我已經完全變成了這個孩子了。」那是一種感覺晦暗的時刻，此時在穿過兒童研討會不同等級的過程的此刻，就像我們開始共感時所瞭解的一樣，我們又走入了一個敏感的領域。在那個之前的領域，感覺精闢的點，會讓我們繼續延伸。

即便是現在，會議也需要有新的脈動，那即是我們在範例中提出的帕西法爾（Parzival）問題的刺激。帕西法爾在第二次遇見痛苦的安佛塔斯（Amfortas）時，問道：「大伯，是什麼讓你痛苦了？」這是一個出於與他人同感、共同體會對方痛苦的問題，而之前，帕西法爾在面對這位他人時，自己是啞口無言的，如今卻轉換為對人的同理心。這個問題無法自己回答，答案必須來自他人、外界。自己只能做好準備，提出問題，並審視這個問題。為了瞭解到這一點，帕西法爾走了好幾年的冤枉路並且歷經了痛苦的自我經驗。在兒童研討會的描述範疇內，這個問題約莫就是：親愛的孩子，你怎麼了？什麼可以讓你完好如初，以及什麼可以讓你感覺與自己達成一致？

補色經驗

這不是尋求解決辦法的問題，解決辦法的問題稍後才會提；而目前的問題是要經得住這種晦暗感，然後才會出現類似罕見的遊蕩的空間，內在眼神前似乎出現什麼情況。那是兒童自己，他自己從靈與心深處顯露自己、他那完整無瑕的吾。我們可以為此覺醒：兒童的現實性、他的靈與心就像從他自己走出來一樣，面對著我們，走入我們，那真實性就像細微的內在感知。那種內在感知令人有些驚喜，是人自己無法發想，且之前也想像不到的新意、一種感知，當它出現時，我們知道：現在我遇見的是這兒童的真實性：我是你。

這對在共感階段所獲得的經驗而言，是一種補色經驗，這種經驗不會在每次兒童研討會上出現，也沒有必要出現。即便我們感覺不到它，但它卻存在於心深處，且以存在的事實發揮著深刻的作用。

當我們體驗過「我是你」之後，退回自己的內心，完全平靜，僅剩專注時，當我們自己的意志不再轉向任何一個特定方

向、什麼都無所求，而只是讓自己有片刻時間沉浸在這種情況下；我們於是進入一種放棄執拗的狀態，一種可稱之為專注的順從、服從的狀態；意識中什麼都沒有，只剩專注存在。

這種狀態，可能每個人都曾有過類似的經驗，就是當人專注看一個顏色一段時間後，將視線抽離，再讓視線落在例如，中立的白色平面上。一開始，看不見任何外在的東西，也看不見顏色，但出乎意料地，沒多久，白色平面上竟出現一個溫和的、飄移的補色畫面，初始時或許還有些不真實，但隨後亮度逐漸凝聚，且越來越明顯，並在每個細節中顯現其補色。

當我們眼神從截至目前為止在兒童身上得到的經驗中離開，然後什麼也不做，而只是靜靜地等待、仔細地聆聽，我們將也會產生一樣的效果。

程序範例（第二部分）

在此處所述的兒童研討會情況中，其程序是這樣的：數位與會者同時體驗到下巴，但這次是體驗在吾主導的位置上，舌頭不自覺的放在牙齒後方，有幾位訝異地發現之前在共感時感知到嘴巴潮濕，但現在則感覺到變乾了，結果下唇更有形，且四周圍起的線條更明顯，這些都是大家對自身感知的描述。除此之外，感官領域還出現強烈的覺醒。有些人描述眼睛突然能夠聚焦，耳朵聽力變敏銳，最後還有一個人訝異地說道：「我的腦袋整個茅塞頓開，像光線劃入腦海裡」。

此刻瞬間，在與會者內在的注視下，一切兒童的吾不是那麼完全地與身產生互動影響關係的，全歸到直挺的位置：脊椎挺直、頭部解除了重壓、雙腿和雙腳平行、雙手就像焦點般散發出光芒。整個兒童散發著光，彷彿重造似的地表現其完全的完整無暇。

是誰重造了他？不是我們的想像，我們根本沒有想像。是兒童自己以其意志本質和未來本質，以他自身吾的自主性為主，將自己置入與會者已備妥的心房，而我們是這場程序的觀眾。我們破了例，並沒因為睡過頭而錯過，而是為了它而保持內在的覺醒，因此得以見證它。

那是一個溫和的直覺過程，這過程一般是停留在無意識中的，但這一次它發生在群體中，是一個少見的幸運情況，因而可以由與會者詳述出來。

在接續感覺合而為一之後的階段中，與會者體會到晦暗、無助和迷惘，類似一種預感死亡過程的感覺，在那過程中瀰漫著一種靜止的中斷。一直到另一頭這種虛無消失，才出現像從虛無中逃脫的兒童原始畫面：完好如初、力量和溫暖在身內交織著。

每位教師都應瞭解沒有理由懼怕這過程，且在一起共同感知後立刻面對這個問題：我們現在究竟要採取何種辦法？深信採取的辦法等同於直覺、睡眠的直覺式意願。

人當然可以立刻努力構想因應辦法事宜，但事實上常常是要等到程序走過第二個針孔，即降服的虛無後，才會找到正確的因應措施。因為之前是我們告訴自己要做什麼，我們自己去想所有的一切，而現在則是兒童自己告訴我們，他從外面、以他全權的

本質對我們說，而我們將他所說的接收為靈光一現、我們意識中的教育想法，就像是船帆接收了風。

對此事實情況，康丁斯基在一篇文章中有所著墨：

> 藝術家「聽見」「有人」對他說：「站住，去哪裡？那線條太長！拿掉一點點！但只要一點點！我告訴你『一點點』！」或者：「你想要讓紅色再有力一點嗎？很好！加一點綠色進來。斷掉、拿掉一點點，但我告訴你，只要一點點。」這是盧梭（Rousseau）對「他已逝夫人指使他自己」時的描述。這位「已逝夫人」是消失在無盡路上的取之不盡、用之不竭的藝術奇蹟泉源。也就是說，有聲音的時候，人只需要理解「傾聽」，如果沒「傾聽」，那藝術就無望了[24]。

因為教育是一門藝術，因此這也適用於老師，只需將「有人」和「已逝夫人」改為「兒童」即可，兒童本身就是我們藝術奇蹟取之不盡、用之不竭的藝術奇蹟的泉源。

我們常看不大清楚這類的過程，但有時候又像所述的情況般大方呈現；雖然我們的意識無法自己創造出這過程，但我們的意識成了這過程的見證。它是一種恩賜的過程，卡爾・翁格爾[25]稱這樣的過程是透過「行動所得的恩賜」。

兒童畫面

> 這種心的探索所能傳達的結果，也僅是那些可以轉注入真正清楚表達的思想，而尚無法轉注入思想的結果還未成熟，無法被傳達。這是一塊試金石，檢測出那些和大家相關、可轉注入可以明確言語、可清楚表達的思想，且在思想中輪廓分明的東西[26]。
>
> 魯道夫・施泰纳

現在，教師大多可迅速瞭解，要將研討會壓縮成一個兒童畫面，因為這是大家聚集在此的目的。但經證實，在兒童畫面尚未清楚出現前，研討會原則上必須歷經非常艱難的奮鬥過程，特別是大家在其中發現彼此之前。這階段的困難，在於必須符合先決條件才能獲得兒童的畫面。

想要遇見自己想要認知和命名的感官印象，必須具備健康的感知器官，否則感官會被矇騙。

當我們想要認知一名兒童，而且要溝通這項認知，或許甚至還要加以記錄時，也會出現類似情況。我們不想讓這項認知處於不明確的、未定的狀態，而是讓它在可觸及的搜尋活動範圍內。我們也對客觀和清楚的概念存有明確的渴求，我們要等到找著了這樣的概念時才會感覺滿足，這時我們才會擁有這種我們成功了，這樣才對的真實的感覺。

為使我們內在出現一個清楚的概念，我們遇見的那個元素必須在我們的意識中觸及熟悉的面向。我們需要概念，才能將兒童研討會產生的新意整合到想像的關連性內，此點在引言中已提及。於是，人突然看見了，他平常或許看似奇特的學生身上出現的現象行為也變得可以理解了。瞭解了，就看到了，這句話不時出現在魯道夫・施泰納的教育演講中。人一旦瞭解了人的智識的客觀真相便能看透該真相，於是當該真相出現在正在成長的兒童和青少年身上且面對我們時，我們便能認出它來，這時我們的觀念不僅只停留在「思考」中，還能在思考中「看見」[4]。

看清人的智識事實研究、法則和關連性以及其努力和陳述，會在我們內在形成一個器官，在我們面對特定表象、特定現象時，也能提供用以形容所感知的概念。

「人智學之人的智識」顧名思義原則上就是學習基本的人的智識知識，然後利用該知識學習看見我們眼前在學生身上遇見的現象。瞭解人的智識現象的器官會自行形成，一種看得見人的智識真相、類似視網膜的感官會利用這樣的方式發展出來，我們可以透過該感官找到適合用來形容感知的概念。

每個致力於共同研究人的智識的教育人員聯盟無不熱衷於該感官的形成，該感官形成後再去看孩子，每位同仁內在都突然對孩子身上存在的現象有著密切的瞭解，這一切可壓縮成一個概念，也能進行溝通交流。其他人內在也能與之接軌，即便他們自己並未習得這項知識，因為大家多多少少能理解概念的語言。學習人智學之人的智識是勢在必行的一個途徑。

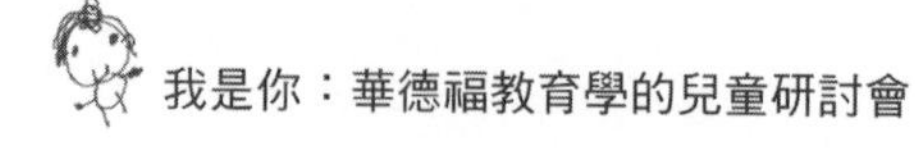

而另一途徑則是集體交流、對談，第一位描述他對所感知到的評語，下一位覆議或反對，針對所聽到的進行調整、修正或重點強調。在努力找出究竟是什麼的奮鬥過程中，會磨掉片面化和模糊性，甚至還有錯誤評斷，最後淬鍊出光滑的概念寶石。

如果能有醫生參與（華德福學校是由校醫參與）兒童研討會，那就能有更進一步的體驗。因為醫生的觀點和教育人員不同，醫生會更關注在明顯的部分上，會從兒童的物質身體現象出發，然後將該現象做為其肢體本質的診斷依據，如此即能找出兒童發展問題的關連性醫學療法。

但教育人員和醫生兩者都能看見問題發展的面向，因此他們兩者在程序和結果中都能互相切磋和刺激。我也不時體驗到醫生的觀點能夠協助教育人員得到更清楚的畫面，而教育人員的觀點則能幫助醫生更明確地掌握兒童的獨特性。

當我們針對這一切進行討論和處理時，我們就能從我們沉睡意識的深處浮上來，那是遇見本質之處，且在罕見幸運情況下也能在內在覺醒狀態中共同體驗它。我們回到清醒的圖像式認知領域，發現自己又回到可以和我們交流的團體裡。在這樣的彼此交流中，我們強化且澄清了我們自己的概念和看法，並從中取得澄清和形成我們與兒童之間關係的動力。兒童研討會過程、貫穿其合宜章節的途徑是一種研究途徑，如我們所見，它能帶領我們進入自己心神（Herz）之深處，並終能在那裡找到兒童。在我們完整經歷這一切後，就能針對用以幫助兒童的可能辦法進行交流，並協議如何實踐這些辦法。

意識步驟的途徑圖*

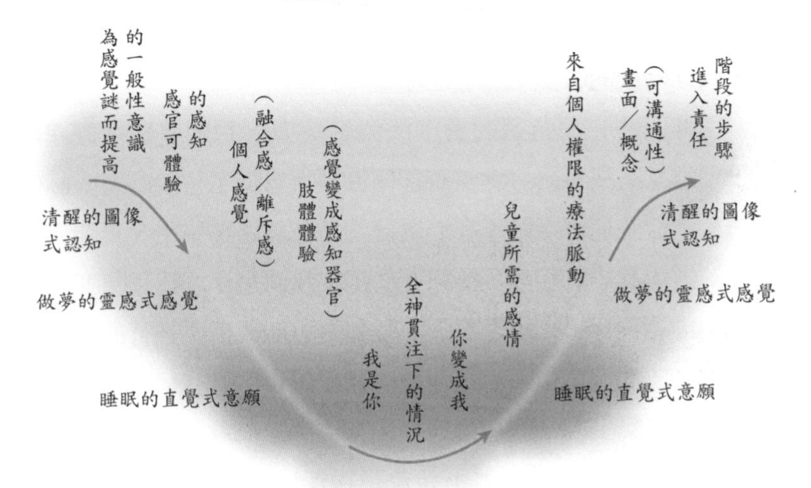

---

* 審閱註：魯道夫・施泰納《作為教育學基礎的人的普遍智識》全冊第 293 冊，第 103 頁。「魯道夫・施泰納華文編輯小組」譯編，人智學教育基金會，宜蘭 2014 年，第 154 頁。

進入責任階段的步驟

以創像的能力充盈你自己，具有追求真理的勇氣，敏銳你心質的責任感[27]。

魯道夫・施泰納

在教師會議上介紹一位學生的動機通常在於讓大家感知這名學生的行為異常之處，以及無法以樂見的方式改善他的情況。然而當大家對於全體情況不滿意以及成果不再豐富時，就很快就會感覺到此情況的改變。

因此，想在兒童研討會中找到解決方法的期望是可以理解的，但這樣的兒童研討會有時卻準備得太倉促了，同時有太高的期待。然而些期待通常不在於更確切地認識這名學生、更深入瞭解他、形成其本質畫面，卻只在於提出解決辦法的建議，並刻不容緩地付諸實行。人越是窘迫，就越對可能或需要進行的辦法緊追不捨，並期待這樣就能迅速地使關係緩和，這時候通常會決定是否讓這名學生繼續留在機構裡。

但如果學生研討會上不涉及是否保留學生或讓他離開的決定，而是在於如何幫助他，那就能提出建議辦法，並針對其教育和治療效果進行檢測。為什麼特別在特定情況下，繪畫鏡象形、對稱形是一種很好的教育工具呢？有專業的研討會針對此議題進行討論。在另一種情況下，則可以針對以下進行交流：為何對於

某一位六年級生比較適合讓他專注歷史的關連性，而對另一位六年級生，則應該讓他去關注具體歷史事件呢[28]？

在這種時候，通常在對談時就會出現想要深入瞭解兒童、其年齡範圍、教學計畫以及提出意見的同仁之意圖。如果教師能透過處理教材的方式，將上課教材變成學生的教育工具，那上課就能變成有效的教育辦法，學生也能因此受益，進而對整個班級有所助益。

但也有一些辦法必須委任專業治療師或教育人員進行，可能是醫生或優律司美治療師、語言塑形師或繪畫治療師，但也可能是數學訓練、運動協會、演藝訓練或教派青年團體，此處只是列舉幾個學校推薦以及試過的某些單位。通常這也出乎意料之外地顯示，在兒童發展期間，兒童身邊有這麼多人協助著，正好讓他們能夠獲得他們所需的協助。有時候，前往其他機構進行資訊性參觀有助於貫徹決心，有時候還必須補上專業的鑑定意見，但無論如何，同時也必須考慮財務問題。

然而也有無法委託他人進行的措施，這些措施的執行必須由教師或教育人員個別決定，決定後他們也必須與兒童或青少年一起進行——這些都是需要陪伴在兒童身旁的大人每天投以關注的辦法。如果這類的辦法可以整合在每天的課堂進度中，那就比較容易執行。因此例如在華德福學校，主課堂的晨圈節奏部分有一段時間可以因應個別學生之需求而更換。

當某辦法與陪伴在兒童身邊的大人有切身關係的問題時，這項辦法較難以執行或持續下去，例如要某位學生要改變習慣，如

果沒有大人的親身用心投入，幾乎不可能實現。如果學生的教育陪伴者必須在學生身上投注時間和自制力、每天都必須在場，但若大人不能貫徹，那麼這樣的練習可能會成功一陣子，最後當然也會在不知不覺中無疾而終。如果某個兒童應該每天澆花或在筆記本裡用一句話記下每天的天氣觀察，那大人也必須每天檢查兒童是否照做了，否則他很快就會忘記。那他就會看見自己極限的事實，且惶恐地發現自己在一個確定的關係中竟然如此無意識，且就像瓦倫汀或像山姆所畫的自畫像一樣，感覺到自己與這個緊密相連的內在關係支離破碎。

當大人看見自己面對必須繪製出盡可能符合兒童情況的感官故事的任務，但又不能有任何的虛假杜撰時，他或許也和這位「放風箏的小孩」一樣感到非常無助。

瓦倫汀

山姆

放風箏的小孩

但如果能以足夠的耐性和學生一起成功地貫徹既定的計畫，不久也就能看見學生的改變，和這名學生的新夥伴關係也會形成，學生不久就會擁有自己的主控權。透過這樣的工作，整個班上的關係也不知不覺地改變了，且大人對自己的關係也在某種方式下隨之變化。彷彿在關係裡注入了什麼，看起來就像是美好未來露出的曙光。

人當然無法完全掌控這樣的發展，但透過這麼簡單的協定卻能有助於這樣的發展。

最重要的是，在兒童研討會一開始就要找到負責記錄的人，此外還必須有人負責發展的進度，他的任務是：

- 致力於辦法和其執行，以及做好準備以實行辦法，讓與該諸辦法息息相關的會談得以成形，或許也要負責該會談的進行。
- 觀察各辦法的進行過程。
- 約六星期後負責在會議上再報告這名學生的情形。
- 四至六個月後負責重新回顧兒童研討會的整個程序。

這整個程序是在2002年於芬蘭拉提（Lahti）小鎮舉辦的科利斯科（Kolisko）會議時擬出的。資深的學校優律司美治療師艾瑞卡・萊斯特（Erika Leiste）在該年會報告中寫道：「回饋的這些建議主要來自英語系國家的與會者，事後我想一想，為什麼我們這麼不注重回顧，至少我們學校是這樣。這一步驟面臨內在和外在的阻力：

- 之前引人側目的兒童或許已透過治療或協助課程改善了，因此逃過了我們意識的注意。
- 尷尬：治療師或許會害怕聽到別人說：治療沒有效。他不想承認，如果這是事實，他也不希望這個事實被老師們意識到，因為這樣一來他在學校的地位就會不保。
- 教師們忙著處理新的問題，因此無暇重新討論已經過去的歷史。
- 治療師通常是很積極的，他熱衷於目前急需他、且他自己也樂於參與的事，但卻忽略了回顧的必要性。

有趣的是，在教師同仁不樂於回顧、回饋的阻力中，我們發現許多現象與在兒童身上發現且不樂見的情況竟有些不謀而合：

- 專注力不足
- 恐懼狀態
- 文明現象影響
- 過動

也就是說回顧是一種不會由個人自動或基於必要性而出現的自由行為，那必須是有意識、克服阻力而進行的行為[29]。」

但如果進行回顧，教師和治療師就能形成對各種教育和治療方法的豐富性和有效性之意識。回饋有助於有意識地體驗，如此即可形成學校對各種輔助方法的有效性的意識，也可為後續的兒童研討會奠定強而有力的基礎。

因此，負責整個兒童研討會的人員必須提問：

- 真正改變的是什麼？
- 哪些約定進行的辦法確實執行了？
- 對於已付諸行動的辦法，有哪些值得報告的？
- 其他人有何感知？
- 出現了哪些特別的困難？如何因應這些困難？
- 如何與家長及一起工作的教育人員進行溝通？
- 他們有何感知？
- 效果顯示在社交環境中了嗎？例如家庭、班級以及這名學生與他人或他人與他之間的關係？
- 有哪方面還需要其他行動？

利用這個方式可看到所有經驗、個別觀察和改變，其中也包括那些效果不佳、嘗試未果或事情未持續進行下去的經驗。

這種誠實的回顧、自我檢討並非易事。如果大肆吹噓其中一項成功之處，又不是教師同仁研討會團體特別樂見的情形，但如果公開承認失敗，就會受到攻訐；自信心受創，這關係到追求真相的程度和極端的誠實。

回顧，屬於教師同仁責任的一部分，只是在兒童研討會一開始時就必須立即對回顧投以足夠的關注；如果曾經一次對兒童研討會的結束確實投以關注，那回顧就會變成兒童研討會不可或缺的一部分，透過研討會，事情可以明朗化，其結果稍後能在被討論的兒童身上讀取到，對他們也有所助益。

簡單化

這關係到，……您透過對正在發展者的親切關懷，在自己內在產生能夠容易看見重要關鍵的能力。剎那間您就能告訴自己正確的答案[30]。

魯道夫・施泰納

兒童研討會過程中的教學法程序非常廣泛，也有很多細項枝節。第一次看到它的時候，可能會產生恐懼感以及以下這樣的感覺：我做不到，這太複雜了，最好連碰都不要碰。但這只是假象，事實上，如果稍作練習，且在有一般水準的主持人帶領之下，七十五至九十分鐘的會議時間內應該可以順利完成兒童研討會。但在教育人員團體或全體教師進行練習之前，可以先行簡化某些地方的程序。

第一個可簡化之處在於討論到感知階段時，只專注在感知上，其餘一概無須理會，例如，特別專注在已述感知範圍的其中一個領域即可。

例如，可停留較長的時間仔細觀察學生的外在，或觀察其行為，在這樣的情況下，就能平心靜氣地專注在每個感知上，這時會發現，這樣專注在某一感知範圍上，真的可以看到很多現象，注意到這所有的一切，光是這樣就已經令人欣慰了。

最好不去看任何其他的，只專注在兒童到目前為止的運命領

域上。人在其內在看見其整個環境，並對關連兒童運命的肢體語言有深層的關心。

範圍若限制在觀察生命史細節的研討會，也可以邀請兒童的父母親一同參與會議，他們是兒童最親近的人，可以提供珍貴的意見。如果還有醫生報告或諮詢處的報告，也務必一定要納入參考。

重要的是，在這樣的情況下，有意識地將兒童研討會限制在某一個領域中，然後在已感知部分交流後，兒童研討會也應該結束，絕不可導向錯誤方向，而在這個地方讓兒童研討會迅速地進行判斷或猜測原因，同樣也不要對可能的辦法進行意見交流，因為這兩項程序尚缺基礎。

人們將體會到，對兒童當事人以及其他兒童的關心更深了；再更細微專注時，也會發現兒童有了些許的變化。在萊裘（請見第 16 頁）身上的影響力明顯可見，當時甚至還沒做過有關感知的意見交流，畢竟每個人的感知能力會自動強化。當感知階段進行數次後，且僅限制在此階段時，我們會發現我們的觀察能力更進步了。

下一個可簡化兒童研討會之處是，在共感、肢體語言體驗及進行上述相關意見交流後即停止兒童研討會。如果兒童研討會進行到此已經有所進展，那每個教育人員內心都會感覺到一些迴響，這會讓他們拋開之前對該兒童的既有想法，徹底重新、無拘束地感知這個兒童，於是就能與這兒童產生全新的關係。形成一個內在空間，可以讓這名兒童在那些關懷他的人的內在暢所欲言、說出自己、表現自己的獨特性。

我常自問，跳過睡眠的直覺式意願，且也未清楚掌握畫面，而是以共感階段結束的兒童研討會可以產生作用的基礎何在？

當我徹底瞭解直覺階段的那一刻，我找到了答案：在這個階段中，我努力在我內心從體驗這個兒童出發，再走回內在，並空出空間進行互補印象的交流，而這時我必須放棄任何意願的念頭。互補印象並不是我努力或甚至我幻想產生的結果，它是一種從外而內突然在我內在靈光一閃的念頭，我任由自己感知到這個印象，讓它迴響，並將所有的專注力放在感知上。我在其中感知到這兒童如何在我內在表達自己。

努力共感讓我充滿積極的動力，且濃縮了我的意志。當我在此處結束兒童研討會，且回到我內在積極動力的那一刻，我的內在剩下一個空白的空間，那是先前我積極努力時所形成的、在努力中形成的空間。

現在這個空白的空間似乎在我內在形成一種讓兒童毫無罣礙地存在的吸引力，但我卻無須有意識地感知這種存在，兒童對著這個空間表達自我。就像盧梭一樣，曾經與藝術、重病者或死者有過相處經驗的人，他們的耳朵就能接收到兒童這種話語的感知方式。

> 這位「已逝夫人」是藝術奇蹟取之不盡、用之不竭的泉源，消失在無盡的路底。也就是說，有聲音的時候，人只需要理解去「傾聽」[24]。

兒童存在我的內在是真實的，也因此具有作用。他的存在改變了我和這孩子的情況，我和他之間的關係和以前不同了。

但重要的也在於此，兒童研討會在進行第二階段後即中斷，老老實實地控制在目前的努力上，不要嘗試做整體性判斷或確定任何辦法、結論之類的。而程序恰當的後續發展在於接受至目前為止的研討會所產生的作用。這個作用之後可發展成對兒童更廣泛、更深層瞭解的出發點、胚胎，其發展指日可待。

最後一個可簡化之處是獲得兒童畫面以後，即，在第四個階段之後提早結束兒童研討會。有些人可能覺得很難這麼做，因為如果這樣，就不會提到因應辦法了。但是認識兒童、瞭解他的本質，進而催生出兒童畫面，已經可以讓大家對兒童產生全新的認識、以不同於以往的方式與兒童相處，進而從自己本身找出因應的辦法了。

然而如果所有的教學法步驟，如：

- 感知兒童
- 與兒童共感
- 與靈光一閃的念頭互補的經驗
- 獲得兒童畫面
- 衡量因應的辦法

整個程序大約在一個半小時的會議時間內進行，那需要嚴格要求全體與會者遵守此教學法步驟與時間限制。全體與會者應專注在重要事物上，但獲得兒童畫面和因應措施的第四和第五階段，則應給予相當程度的時間寬度，讓這兩階段有機會發展開來。在尚未獲得學生畫面，或有意願獲得畫面、達成互補體驗之前，談論因應辦法實在沒有什麼意義。與兒童合而為一，與兒童共感，即能產生互補體驗，但在與兒童共感之前，只有對兒童有明確，且無偏見的感知時，才能有這樣的效果。

主持

兒童研討會的整個過程需要有人主持，通常這項任務由最常與被討論兒童接觸的人擔任，在學校通常是級任老師，在兒童養育院或幼兒園就是團體照顧人員。但人必須自問：這樣的安排是否有意義？因為主持這項任務最重要的並不是主持人，而是最認識及最瞭解該兒童的人，而是這個人應具有能引導整個流程的特質，且需有興趣地將所有人整合在對話之中，而他本身在籌組程序的重要性上，應高於自己在內容上的貢獻。

主持人必須對每個步驟瞭若指掌，且必須富有想像力地處理，讓所有步驟在每個與會者的內在活絡起來，才能在整個兒童研討過程中找到自身的方向。每個步驟都有不同的操作方法，主持人應該自己體會出那種感覺。

如果他多花點心思，在研討會之前先認識這名學生，在研討會時對一切的綜覽就比較容易掌握，而不會因為突發情況而措手不及。

首先，他必須委任某人負責將整個程序記錄下來，因為現場所說的話在說完的剎那就煙消雲散了。

如果要由一項表演當作掀起研討會的序曲，那主持人必須自問：透過這項表演就可以讓兒童被看見嗎？這項表演豐富多變，可以展現多樣化的印象嗎？且，表演的時間預估適合嗎？他也應該掌控表演的整個流程，以避免出差錯——簡言之，他應該要遵守以上所述條件。

在收集感知時，重要的是會議參與人要對事實保持清醒，才能同時更明確地接近本質。這情況大多特需要保持隨機應變的能力：掌控分寸、偶爾限制大家互相分享更多的喜悅、攔截離題、緩和情緒，以及為快速判斷踩煞車。主持人最終還是要有整體中第一個階段的時間分配概念，因為如果時間超出太多，那其他階段的空間就被擠壓。當然理想的情況是，他很清楚還有什麼不足之處以及注意到是不是有人還有重要的感知卻沒說出來。

接下來，會議團體往「精闢的點」前進，穿過這個針孔，自己將某種現象變成徵象，這可以是一個共同的程序。或者也可以由主持人預設該點或每個人選擇自己的精闢的點。但這可能會使程序過於分散——因此建議與會者能從許多精闢的點中統整出一個點。

至於後續流程中如何進行讓自己與目標達到緊密一致，就交給主持人決定了。重要的僅是這個步驟要進行，而不是如何進行。該步驟至少引導每個人的內在到達「我是你」、內在到達與兒童產生關連的體驗。如果這種經驗是從修靜思考的階段中出現，相較於在全體對話中出現共感結果，會議與會者能更理所當然地找到兒童畫面。在這步驟的規劃上，主持人必須具備相當程度的內在靈活性和社交專注力。

共感經驗後，主持人或會議與會者可以決定研討會是否在此處結束、直接繼續下去，或延至下一次會議再進行。

如果研討會繼續進行，那與會者必須正視兒童缺少了什麼、是什麼讓兒童陷入困境的問題。最好的情況是會議能由這名兒童

自己引導的方向進行，讓每個與會者看見此時兒童在其互補型態下如何面對與會者自己。同樣地，這個程序的過程還是要交由主持人的整個規劃意圖決定，如果他經常參與兒童研討會，那他就比較容易有靈光一閃的念頭，且規劃的想法也較能往討論對象學生的方向靠近。但如何進行此階段會議，終歸還是取決於學生本身。

在接下來的研討會中，此時，主持人必須警覺到會議所導入的方向是要獲得該名學生的畫面，這個畫面必須夠清楚，才能傳達給他人。主持人不用自己提供此畫面，但如果他具備人智學的人之智識的廣泛基礎，一定也會很有助益，因為如果這樣，他就能擷取每個人所認知的以及想表達的，他也能將多樣化的表達做成有意義的結集。此外，他也因此具備了客觀性，及納入其他觀點的能力，例如：校醫的診斷看法。

現在，當學生的畫面出現時，緊接著就是生動的程序，其結果就像夢境一樣易逝，也很快就被遺忘，因此，必須有人做記錄。

之後，會議就針對可能因應的辦法進行討論，然後從中選擇最具教育意義的因應辦法並協議後續步驟。主持人貫穿整個研討會，最後，他的任務是負責委任一名同仁有意識地維持後續的進度、負責以書面記錄所約定的因應辦法並進行推動，且於約定時間期滿後將整個程序再度在會議上呈現。

主持人的任務是從自身決定的，對談是在小團體中或全體大會上進行。他也要負責籌劃聽證空間：激發或克制對談、讓對談轉換方向、壓縮對談或以輕鬆的節奏進行對談，但同時不能讓目標模糊。如上所述，必須遵守時間範圍，因為對談是一個有其限制的生動形體。

如果會議團體可以將主持人的任務委託給他們認為合適的同仁，那是最好的了。但如果有老師基於自己的衝動和對這件事的愛，想接下這項任務，那也是可行的。如果每次兒童研討會都更換主持人，會浪費時間和力量。也應該增加主持人的部分職務，負責按照約定的時間進行輪替。如此一來，擔任該職務的人就能長時間針對該輪替表的時間做適當的調整。他可以瞭解每一個步驟，就能增進步驟進行的能力。以這樣的方式，兒童研討會就有機會成為會議的例行項目；因為兒童研討會有關心此事的守護人和代言人照顧和看守其過程，因此研討會是真實地在進行，而不是僅為眾人期待而存在。但也可以從校外找有經驗的主持人來協助，先讓兒童研討會奠定好基礎。

工作的方式

在兒童研討會的教學法過程中，工作方式可以變化，一般普遍的是，整個研討會是在全體人員參與的情況下進行，但並非每個特定問題都適合在許多人參與的情況下處理，某些問題需要其他的條件，通常的條件是較親近的人。除了全體參與者對談外，還有個人工作的方式，即在這項工作範圍內，每個人與某特定事實的情況取得關連性，另外還有夥伴工作的方式和團體工作的方式。

每個人在進行所有這些工作方式時都可能以不同的方式進行，且若要使用這些方式時，必須符合條件。每種工作方式的條件和規範考慮得越仔細，達到目標的機會就越大，研討會的發展也會越圓滿、越豐富及越有後續力。

兒童研討會的過程中，有許多階段需要人將專注力投注在外在的感知，即每個人感受到外在印象。例如，可能是對學生的感知，但也可能是其他人對某些體驗、報告、描述，及意圖的反應或回顧。

問與會者：「是否理解？」的那一類問題，可以讓過程更富有生命力，但反過來，說自己的看法、解釋、詮釋或判斷就造成阻礙。內在開放和客觀的態度是此階段的合作條件，人如果無法保持無偏見，那這句話應該會有幫助：「運用一個之前未曾有過的看法[31]」，如此一來，無偏見態度就會自動出現。

學生或其家長傷害老師或教育人員，或後者因此感到受攻擊，這是無法避免的經驗，這些經驗也可以放心地在會議上說出來，但如果將這些痛苦的委屈或抱怨記錄在報告上，並加以渲染，那就變得複雜，這時，就失去真實的基礎。此時，最簡單的因應方法是，適時地以客觀且盡可能無任何潛在想法的方式詢問、提及實況的整個事發背景情況。提問的這個議題能立刻讓從語言表達出來的抱怨點轉向，原則上無偏見就會迅速再度出現打開另一種看法的視野。

人很快就會發現，這竟能如此決定性地讓他人豐富自己的感知：即便只是一個無成見的詢問就能補足其感知，並讓它變得不同。除此之外，他人還會小心地帶領我們去看我們看不清楚、沒用心看或睡過頭，錯過的地方。透過他人，我們學到覺醒和準確，以及不以自己為中心。他人也教育我們更理所當然地去信任過程的法則。最終，我們將能學會更適當地用語言表達自己。這程序通常很緩慢，但在這些程序中，會議團體就學會不同的可能性。

確實地瞭解所有這些工作方式的法治是主持人的任務，然後將它們運用在會議過程中的正確位置上，並保持警覺注意是否遵守了其條件。

和上述工作南轅北轍的是純粹內在經驗的感知，這感知不是從外面進入我們的內在，而是當我們從內在跟隨經驗、仿效經驗，並試圖感受經驗所內含的肢體語言時，外在所經驗的接觸到了內在經驗的感知，在我們的身上產生印象及該印象的作用和品質，我們就此進入了心性觀察的程序。

透過心性觀察，我體驗到透過某種外在表達的些許內在。那很細微，通常是突然落入視野內，令人又驚喜，又無法即時應用語言掌握的感知，例如，必須在處理精闢的點時努力這麼做。之後，輪到互補經驗時，人就能完全依賴這種操作方式，且如果沒有這麼做就無法繼續進行。

要避免還沒有感知到心性觀察就與心性觀察擦身而過的條件就是個人工作的方式。個人工作時，每個人都必須產生一個內在孤獨的空間，並在那空間裡仔細地感覺所產生的感知。這時，他必須斷絕所有與外界的接觸。

也可以在一個大型的會議上說好四到五分鐘的靜默時間，這時間足夠做上述的活動，且同時能進行自己的觀察。也可以在找到精闢的點後中斷會議程序，然後每個人自行繼續進行靜默，那麼每個人就有機會全神專注地在該程序上，然後再將結果帶至後續的會議上。加上當時，在這個情況下，可能產生更明確的作用。然而，在後續會議一開始時馬上進行互補經驗的分享就頗具意義，互補經驗之後就會導致獲得兒童畫面的目標。

然而如果在靜默時間之後馬上繼續進行會議對談，其優點在於後續交流的立即性和新鮮度。但最好不要立刻由全體與會者繼續後續，而是在小組中進行對談，並且在小組中進行到針對互補經驗進行交流為止。

有關針對內在孤獨中體會的經驗以及後續獲得兒童畫面的工作過程進行交流分享時，會議與會者採取的是歌德認為的比黃金還美妙的第三種方式：對談[32]。

一般而言，參與研討會時，人不太思考，這是最常見的交流型態：人聚集一起，全體與會者談論對某個兒童的經驗，並試圖下判斷，然後約定因應辦法。

在一個劃分有枝節的程序中，這種交流分享、澄清性質的對談可視為一種獨特的工作型態，並運用該型態發展出意料之外的可能性。

會議的對談引導參與者進入一個程序，在該程序中自己的畫面會與他人的畫面互相磨合、修正、澄清、客觀化，最終壓縮並結集成意圖。這程序最終會產生差異化的想法、清楚的概念，最後達到的結果顯示兒童的謎已經解開。

對談的特性可以引出參與者的內在畫面，這些畫面有助於每個人在內在產生可透視和接受的關連性，並在那關連性中有回到家的感覺。這樣的關連性將每個人與其他透過相同目標而共同努力的所有人連結在一起，於是，共同性產生了——會議工作不斷努力追求和希望達成的目標。

感官形成

仔細觀察每個新的物體，就能在我們的內在開啟新的感官[33]。

約翰・沃爾夫剛・馮・歌德

在本書一開始的「導入主題」中提到針對兒童，教育人員內在應該自問的三個問題，答案就在兒童本身。當我們仔細聆聽時，答案隱約就能預感到，偶爾，還能明確地聽到。是哪個感覺器官傳達給我們這些感知的答案。

這個感覺器官，似乎在聆聽中形成。這讓人聯想到，眼睛是在大地發展過程中感知光線的光芒而形成的感覺器官；光線即是我們視覺器官的創造者。

人類認知的感覺器官也有類似的行為模式，當我們面對人，將他們當作謎來感受，然後，在試圖解開這個謎時，我們就形塑了這種感覺器官。

以發展歷史來看，眼睛的器官形塑已經完成，人類已經具備了一種該器官的天賦完稿藍圖，每個人在胚胎期間即根據該藍圖進行個別發展。於是當人來到這個世界上，一般而言就已經有眼睛了。

在認知他人本質的感官方面，該設計藍圖則還不夠明確，器官發展尚未完成，也尚未確定。它是一種在外在既有事實的物質中進行他人神秘天賦的感覺器官，是在某種超感覺、靈出現在我們眼前時所出現的感覺器官。

身為現代人的我們，只有在罕見的情況下，才形成上述對於他人本質認知的一種感覺器官，但那是我們的心神之渴望，那是馬可（August Macke）所說隱藏在可見事物內的不可見的對神的渴望。因為我們感受到從祂散發出來的力量和激勵，想要靠近祂。祂引導我們走出我們自己，激勵我們自己遇見祂。

在對他人的關懷中，當一個人開始使用這個感官時，這個感官就會在使用的過程中形成、發展出來。隱藏在他人外表下的他人心靈會讓我們形成的感官感知它。這就是歌德在上一頁一開始所引述的言語，但米夏埃爾·鮑爾（Michael Bauer）對此過程所言者，還更貼切：其感知器官自我形成，並加以運用[34]。但他這番話並不因此與歌德矛盾，而是強調看見我們自己主動性的那一面向，透過我們對他們的關懷，去感知對方存在的謎。因為缺少了我們主動的關心，那個感官也不會形成。

在遇見藝術品時，這個神秘的感官也會在每個藝術品上形成，感覺到生命力。我們感知它，我們就會變成它的共同創造者、它本質的一部分、它神秘的一部分。許多現代藝術家就是在這種可在藝術品和觀者之間調整的密切溝通的基礎上調整建構，他們將這種對藝術的新面向的理解納入他們的藝術創作中。

當我們關注大自然和其現象時，也有類似的行為模式出現。只是我們不能像看待陌生事件一樣從外面望著它們。當我們開始因大自然的表達而感到溫暖、因其表達的多樣性而覺醒，我們就

能體會我們與大自然和其形成間有著緊密的相似性。於是它開始讓自己轉向被我們關注，它朝向我們移動，並開始對著我們表達自己。我們於是逐漸瞭解它在向我們訴說什麼，於是我們用新的方式認識了大自然，我們與大自然進行了一場親密的對話。

對於命中可能有幸遇到人智學的人而言，終於由此而形成那種感官。人在體會人智學思想的生命力前，這只是一種理論，但人若嘗試挖掘那純粹的內容，就能清楚意識到它是一種藝術。它想傳達的，在它的語言型態中和它的思想內容中樣樣具體存在。聲音、詞彙、語句、字句順序都有其肢體語言，在其各個型態中有一種我們可以與之建立關係的內在力量。我們藉此學習使用其他的方式掌握其所要傳達的內容，並與它的陳述有了深層的新關係。一旦我們發現在它的語言型態中，相較於符合我們想像的內容外還有其他面向的內容時，這些內容就會在我們內在發展成形塑感官的力量。

所有上述的程序，都是從周圍的細微生活程序中往我們內在形成的，生命力和形塑力量都隱藏在我們所面對的外表之下。我們無法從我們自己本身產生對超感覺感知的感官，但我們以藝術家的感覺專注於這個世界的每一個片刻，即可能創造出讓世界的創造力在我們的內在發展成外表之下的感官感知條件。

或許有一天，就像我們現在用眼睛觀看這外在世界一樣，這樣的感官會穩穩地深植於人性中。

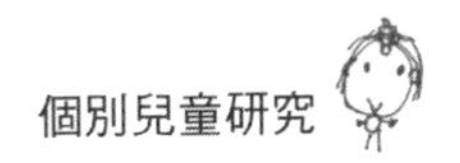

個別兒童研究

以下介紹不同年齡層的學生，他們全是教育人員在兒童研討會上建議討論的對象，因為他們的關係出現了問題，有進一步觀察的必要。這類情形幾乎就是舉辦某特定學生研討會的決定動機，而對於那些未讓人感到有問題，也不被當作謎來感受的兒童，請不必特別擔憂看待他們的發展；而那些一開始就理所當然的建立了充滿信任關係的兒童，讓人鮮少覺得有必要在他們身上多花心思。這也是學生研討會的一項問題，因為事實上每個兒童在他們求學階段中至少應該被仔細觀察一次，讓人能獲得對他們的畫面。以下詳述這類研討會的進行方式。

譚雅——面對早期兒童時期命運的結果

「首先，斯考特」，他說道：「你必須學會一個非常簡單的秘訣，之後，你和各種類型的人相處起來就簡單多了。只有在你站在對方的立場去看待事情的時候，才能真正瞭解他……我的意思是說，如果你能設身處地以對方的立場來看」[35]。

哈波・李

在說明與該兒童相關的關連性時，我們以特殊的方式瞭解他的命運對他的身體組織造成的影響，也因此對他的心境和脈動出乎意料地產生理解該如何從教育方面著手處理。過去，如果教育人員團體必須協助翻轉個人情感的阻力，特別是失望的情緒，要左右情感移動，而導致那種深度的理解，兒童討論就是做到與兒童共感的教育劇本。

我認識譚雅的時候，她剛過九歲生日。這個年紀的兒童開始對自己有更明確的意識，對周圍的人際也開始有更明確的意識。他開始更有自我意識地看待世界，更瞭解自己與周遭世界的差異性，並從中發展更敏銳的意識。他能保持距離，將自己抽離，這個年紀的兒童的心散發著一絲冷酷的氣息。

在我和這位女性教育人員說話的時候，譚雅蹦蹦跳跳地走進房間。她嬌小、纖細又好動，是個蒼白的孩子，有著細細、中等棕色的直髮，深棕色的眼睛和異常寬高、白色如象牙般的額頭，額頭上方的頭髮上有個髮漩。眉毛、眼睛、鼻子和整個嘴巴線條都是既細緻又嬌小，但嘴巴本身看起來頗大，在整個臉部顯得特別明顯。牙齒長得很勻稱，下巴在臉上顯得太內縮，線條輪廓很細緻。譚雅活潑、愛說話、愛笑，談笑之間，她的呼吸頻率快速且激動。在這第一次認識的過程中，她就是不停地蹦跳、手舞足蹈、不斷地動，還不時地做出各式各樣引人注意的動作。

雖然我們之前並未見過彼此，但她坦率、毫不扭捏地走向我，讓我彷彿有老友久別重逢的感覺。她表達自己的時候，情緒容易激動、有些強烈、呼吸沉重，同時還有些無距離感，她暢所

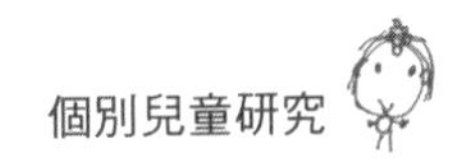

欲言，語言如天馬行空。

後來她上治療性優律司美治療課時，必須做出一連串的優律司美動作，一開始她總是不時地多出幾個小跳動作，這讓她的動作失去連貫性。但她後來終於抓住優律司美的訣竅，多餘的小跳動作不見了，動作順序也流暢了。

譚雅的家庭是由青年福利局照管，譚雅九個月大的時候，她的親生母親離開家，想要自我實現、建立一個由自己決定的人生而致離開了家。譚雅和大她幾歲的哥哥被送到認養家庭，後來那幾年兄妹就在這家庭長大。但顯然地，譚雅和養母並未建立正確的關係。青年福利局的一份報告中記載，養母認為這孩子不誠實，會說謊，且會偷竊，因此養母曾向青年福利局表明不想再擔負這兩個孩子的照管責任。譚雅七、八歲時，養母也離開家了，兩兄妹被送到這個我後來拜訪的機構，這是一個以人智學為理念的兒童之家。

教育人員表示，譚雅非常努力想要與同年齡孩子建立關係，她和哥哥的關係保持最久，畢竟她和哥哥負擔了同樣的家庭命運。在隨機性的關係上，一開始，她比較容易和男孩相處，而不是女孩，但現在這情況改變了，她有女生朋友了，但這方面似乎出現了問題，她與女生朋友的關係無法維持超過某個期限，一小段時間後，她會在內心出現離背的態度，對這種關係感到厭倦，並開始說這些昔日女生朋友的壞話，這讓人對她印象很差，很快地她就發現她又變成孤單一人，沒有朋友。在兒童之家裡，她被貼上不忠誠、情緒反覆無常，及不穩定的標籤，是個無法信任的人。

譚雅的自畫像（上頁圖）顯示她對自己的感知。在這幅兒童圖畫中，最引人注意的是眼睛；巨大的頭部因包覆的頭髮少得可憐，看起來像是裸露的；脖子長長的；纖細的小腳穿著高跟鞋快速疾走，但卻未踩在地面上。

一開始，教育人員被譚雅無拘束靠近他人的行為感動，立即升起了純粹個人的融合感和離斥感的共感。他們驚嘆地描述說她喚醒了他們想與她的心相遇的慾望，且奇怪的是他們對她毫無戒心、毫無保留，事實上他們出現了和這孩子一樣的行為：本能和無拘無束。

但之後，很多人也感到失望，在一小段時間後，他們在她身上感到空白，在她身上找不到可以互相交流的對象，大家很難和她建立一種有承載力的關係。

對教育人員來說，承認自己內在與兒童有背道而馳、離背的傾向，這是件很尷尬的事。但同時又有一兩人開始逐漸領悟到這樣的反應或許和譚雅以及她過去的命運有關連，與養母的感覺顯然有類似的情況。

盡量有意識地與個人反應和敏感度保持距離，並讓自己的感覺趨於共感，可讓每個人跳出自己的陰暗面，也可藉此對兒童有全新的體驗。

一開始的報告內容是，譚雅能夠警覺地、快速地，而且幾乎是狂熱地接收感官印象，並能靈活地將這些印象結合成關連性想像，但這些想像卻常沒有現實依據。她的反應出自本能、失控，也常過於猛烈以及不恰當，特別是觀察到譚雅很難與他人建立長久且可持續的關係。

在共同體驗這些特性時，每個人都感到不舒服，所有這些體驗，撼動著連結的不足、欠缺維持和固定、欠缺堅定的毅力、不穩定性、易變性和無擔當性，在道德角度上和形成不足的共感能力上也是如此：

- 我覺得自己不時地在發火，這股怒火不斷地往周遭壓迫。
- 我根本無法靜下心來獨處，我必須跟著大家一起做所有的一切，我感覺不到我內在的平靜，感覺不到我內在的歸屬感，在與人的接觸中我感覺不到自己的存在。
- 我感覺自己有危險、被挖空了、精疲力竭、失去自我，我面對所有印象完全空白，我支持不了自己，無論是任何一種與人的接觸皆然，我找不到任何支撐自己的一切。

此時，教育人員試圖找出當人被另一個人遺棄時會出現什麼樣的情緒，而命運為此人設定的遺棄者是像父母一樣的支持者。這時，在場的人出現無力和被淘空的感覺，那是一種彷彿身體組織的力量離他們而去的感覺。他們感覺自己的骨頭發軟，有股彷彿血管裡的血液蒸發了、挺直腰背的能力和整個循環系統完全消失不見的感覺。這次共感的過程，變成類似一種不經意地陷入這女孩的內在的死亡狀態，變成一種深層的、在自身裡體驗死亡的過程。當譚雅被親生母親遺棄之時，一定發生了一種箝制整個器官系統的傷害。

這場傷害對譚雅造成的後果，現在已真相大白：兒童一歲時必須以自身的平衡力量瞭解地球的地心引力，進而學會站立。在兒童前四年的每一個後續過程中，兒童站立的姿勢和走路的動作會逐漸穩定，最終才在骨盆位置、脊椎雙弧形狀、韌帶的穩定性和雙腿的平行站立中找到對後續人生最具決定性的重要組織。這個過程一開始是健康的骨骼訓練，該訓練也包括了肩胛骨的挺直以及克服地心引力的撐起頭部的動作。

但這過程也和一個人的心以及道德態度有著密切的內在關連性，例如，可以堅定地使用語言表達這種特性，堅持態度、不輕易隨波逐流、保持平衡、正直、坦率、有擔當能力，值得別人信賴等這些都是。

上述言論當然並沒有強迫性的因果關連：一個人即使在很多方面的組織弱化或受損，也能實現一定的道德堅定性。因為道德力量本身也是抬頭挺胸的力量，人類透過這股力量能夠站立起來超越自己；希望是超過自己而成長茁壯，以及讓人能通過人生考驗，甚或成就大事的力量。由於吾的力量使然，傷害可以被翻轉，但一開始關係就被剝奪的兒童會弱化，因為用來訓練他個人器官的基礎能力，他沒得到。

譚雅就是器官的發展受到影響，造成她現在難以固定在她自己的身內。兒童必須透過如父母般的關注和關心，以及固定的支持者的用心陪伴，才能喚回他的內在，否則這孩子很難在其自我之內固定，並將自己視為獨立的個體。

當教育人員站在兒童的立場設身處地去感受，想像被遺棄者的肢體動作，並在他們自身的意志組織和新陳代謝組織中重新體驗之前如何遺漏未體會到的。因為身體無法真正接受這孩子的靈和心，對其身體而言，譚雅是陌生的；而她實際的脈動，即每個人一開始的道德希望的脈動，無法對其身體有足夠助益的構建，因此她讓人感覺無擔當、反覆無常、情緒化、不穩定、撲朔迷離、如鬼火般、易變且不可靠。

對於譚雅不僅第二次遭到遺棄，而且之前就不時受到曲解和拒絕的這整個悲劇，教育人員團體如同體驗發生在自身上的命運般深感同情。但這種共同體驗和同情也讓他們看清楚這孩子現在急需什麼。

現在最重要的因應措施之一是，在這孩子目前的發展進度中正確地理解這孩子，並下定決心修補那些遺漏的部分。透過兒童研討會讓我們可以逐漸接近這些目標，也藉此在內在接受這孩子。

相較於譚雅在更早的童年時期所接受的關注度，如果能更關注地追蹤譚雅現今的發展步驟，且不要刺激她的弱點或讓她躲進拒人於千里之外的態度中，效果就會更好。持續地堅持對這孩子的認同、以特殊的方式表現真誠，並站在這孩子旁邊支持她，就是教育人員的任務。

> 當我們將我們人智學的人之智識「瞄準」兒童教育，使有機體稍微洩漏其心境時，我們就是以一種有別於其他的方式在關心兒童。說也奇怪，我們透過這樣的方式設法和兒童相處，就能在我們內在發展出對這孩子的愛[36]。

這是教育人員團體的經驗。

瑪西米里安——為肢體語言之謎覺醒

他和爸爸長得很像，但我們當然也不知道他是誰、他的立場、他的想法[37]。

山卡・愛亞爾斯（Shannkar Aiyars）
論拉胡爾・甘地（Rahul Gandhi）

瑪西米里安是不是真如以上拉胡爾・甘地所說的他和他的父親長得很像，而我們沒有依據。但我們必須承認我們不知道他是誰、他的立場、他的想法。一直到兒童研討會結束後，這個問題的答案才出現。

瑪西米里安是五年級的學生，我是在兩次兒童會議的第一次會議前一天去探視這學生，希望能對他有點印象。

他的個頭符合他的年齡，戴著眼鏡，眼神夢幻且向內在看、眼瞼慢慢地張開與閉上，褐色濃密的直髮、均勻好看的臉蛋、敏感又表情豐富的嘴巴線條，將他介於好惡之間的所有感覺表露無遺。他的額頭寬大，嘴巴和整個嘴巴線條則狹小，臉部輪廓往下巴削尖，兩顆門牙顯得特別大。

我進到教室時，他已經在教室裡了，和四、五個學生站在窗邊。其他人就和一般五年級生一樣，正興高采烈地聊天，心深深地隨著行為而動。瑪西米里安並未參與其中，他一副事不關己似地看著窗外，表情有些無聊，好像感覺自己超乎於這些幼稚的交流之上。其他人也不理他，沒讓他加入聊天。一開始上課時，我無法真正瞭解他內在的參與，對我來說，他不是不參與，但熱忱和心的觸動卻也少得可憐。

但當老師發給學生歌本時，情況改變了，他拿了歌本，思緒立即陷了進去，專注且充滿濃濃的興趣。唱歌時，他內在參與著，也用言語回答問題，人們可以感覺這堂課對他產生了些許影響。快下課時，學生練習了一個小短劇，他扮演某個統治者角色，他遲疑地、慢慢地用明亮的聲音說出臺詞，伴隨著這些他所說出的臺詞，我無法感受他的內在。在臺詞的句尾，他提高音調，他的眼神穿過同學，空虛地延伸至遠方。他的語言型態異常，當他說話時，他習慣使用選擇的習慣用語，他的想法連結到謹慎建構和差異化的語句結構中。

自發性行動對他來說似乎是不舒服的，他如果在其他同學身上發現自發性行動，並被給予了很多類似的機會，那他就會憋起嘴，嘴在發生這作用之前是升起的，然後他的眼神就覆蓋上一層什麼，那一層，從數位上課認識他的老師認為，是傲慢的東西。大家在演短劇的時候，他不參與情節，他讓人有種他在觀察自己的印象。在這群活潑而嬉鬧的五年級班上，他的行為舉止顯得適宜、有約束力、理智和陌生。級任老師表示，他非常自我要求，會對自己所做的事自我觀察，並對自己外表的形塑有極高的意識。

她說明這孩子的身世背景，他出生時一定是用吸盤吸出來的，他偶爾會發生昏厥，已進行過治療。他是在一個備受呵護的

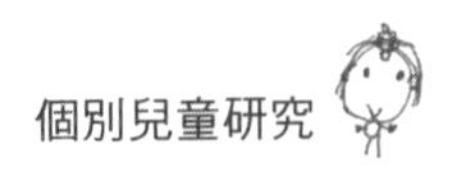

環境下長大，兩年前開始學鋼琴，他很愛他的弟弟。當我向他問起弟弟時，他的雙眼開始閃耀光芒，心情大好，並興高采烈且無拘無束地聊起弟弟，他同時展現出一些非常天真和信任的情感。

會議當天，瑪西米里安親自在會議上進行一段表演，他辦了一場小型的鋼琴演奏會。他謹慎地走進房間，打扮得很體面，頭髮也梳理整齊，走路有點飄盪、彷彿不食人間煙火。他的眼神滑過在座的人，他的皮膚顯得透明，幾乎可以透視。他前一天在班上那副難以接近的模樣已消失無蹤。他滿懷期待和專注地坐在鋼琴旁，開始慢條斯理地彈奏。在接近鋼琴演奏會的尾聲，他彈奏自創曲時，這種慢條斯理消失了，轉而活力十足和愉悅地敲擊著鍵盤，展現無比熱情。表演結束，觀眾對他報以熱烈的掌聲，其中還夾雜著讚賞、驚訝，但也蔓延著一股本能的陌生感。瑪西米里安談起他的練習，以及他為何選擇這曲子的原因，還有他與音樂之間的關係。雖然他顯得無拘無束，但態度還是只在他自己身上很謹慎，說出口的話都經過斟酌的，他和觀眾之間的關係有點像特殊的玻璃般脆弱。瑪西米里安並不是被遊說來作這場表演，這是他自己建議的，用這種方式在全體教師前表演，讓大家都能感受到他。

瑪西米里安離開後，會議開始匯集所有的感知。很明顯地，如在座許多同仁所見，即便他們相對地很少感知這名學生，但他們幾乎全加上親切、體貼的感知。除此外，也有不同的專業老師的報告。

開始進行做夢的靈感式感覺步驟，於是，每個人表達他們的感覺：

- 我對他感到同情，這對我來說是全新的，也是很深刻的感覺，之前他總是讓我很傷腦筋。
- 我對他感到陌生，他的表現總讓我有某種超脫塵世的感覺，且我今天不像以前對他那麼不耐煩，而且我感覺他需要幫忙，但還是覺得他很陌生。
- 我感覺自己內在有一部分是失望的，我有一種感覺：永遠無法瞭解他。
- 我覺得他就像一顆光滑的球，總是從手中滑落，我無法靠近他，感覺不安和不耐煩，因為我找不到接近他的方式。
- 我覺得他這麼緩速、圓滑（legato），在這過程中我自己放慢了速度。
- 我就是找不到他，他究竟是誰？在這過程中我變得不耐煩，我真的感到恐慌。
- 今天我對他感到同情，以前對他總覺得厭惡。
- 我感覺自己被吸空了，為了阻止被吸空，我內在必須不斷抵抗，因為我體驗到離斥感。
- 我對他有種矛盾的感覺，但那種感覺我說不上來，他感受不到別人，這讓我很生氣。
- 他的眼神能看透人，那似乎能融化我，我幾乎無法記起他的臉。
- 我感覺內在變質了、突然喊停，不相干、陌生感，內在保

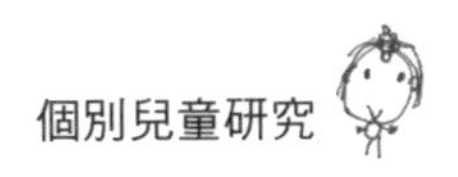

持距離和冷靜，在這過程中也失去了我對他的融合感。

這些說法反映出老師對這兒童的矛盾印象，瑪西米里安同時引起他人的交融感和離斥感、讚賞和陌生感。他引起別人背離他，但同時也激起他人想要幫助他的本能，這是共感階段的第一部分：為自己的感覺提出說明。

進行以下步驟時，我們離開我們個人感知和感覺的安全地帶，現在努力拋開自己，將我們的感覺當作面對這孩子的感知器官：你現在究竟有何感覺？當他用這種方式走進房間、坐在鋼琴前、用這種方式將眼神滑過觀眾、這樣移動自己、這樣說話時，他有何感覺？他的手部動作、他走路的時候、他整個節奏又是什麼感覺？他如何透過這一切在我內在表達自己？他在我內在的感覺為何？

大家發現：這裡需要一種變化，現在我不再從自己的角度看這兒童，而是有一部分變成他，然後再來看自己本身對這孩子的反應；然後我從內在感覺我在那裡所觀察和體驗到的，這一切綜括在幾個基本的表達中。在座者能共同強烈地感覺到無法本能溝通的心的感覺，心難以從自身脫離，而以一個旁觀者來體驗，無法與社會環境共同呼吸、共振，而讓心感到陌生；心只專注在自己、陌生、有些脆弱。

但也共同強烈地感覺到極端的對比——因天賦造成的窒礙、未釋放的豐富性、因不平凡而把他變成陌生人的意識、優秀的資質、無適合的形容詞可表達的原創性、內斂、沉默、獨來獨往：

- 我感覺他對自己的能力很有意識，但在將自己與他人能力比較的同時，卻感知到差異性。
- 我體會到他和世界間的鴻溝將他團團圍住，那是我自己的鴻溝，我感覺無法跨越那鴻溝的不足。
- 他無須表達，我就能感覺他以何種方式感知他自己的能力，那同時也是壓力和拉力。
- 我感覺整個動彈不得，被遠遠地擋在後頭，自己完全無法脫身，真的是一種非常不舒服的感覺。

這時出現了一個轉為堅定、轉為一種初步教育意圖的微轉變：

- 我們應該為他搭建一座橋，讓他找到出路，走進這個世界。

這樣的表達表示，每個人內在的睡眠的直覺式意願已經開始覺醒了。

魯道夫・施泰納在一次演講中談到上述的剛達成認知程序的這種親近時刻：

「於是，我們現在認識人的內在本質、真正的靈——心之本質。當我們來到感覺區域，不僅用感覺，也用認知深入該區域，人內在的本質就走向我們。」——他繼續說道：「當人走入世界事物和程序的行動時，必須將愛

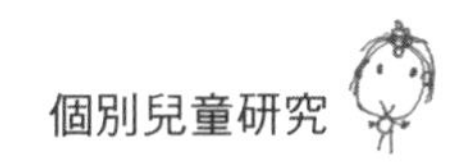

形成認知的力量」[38]。

在幾位與會人士的內在產生了類似這孩子本質的印記時，就能讀取到以下訊息：

- 原則上我們必須成為吸盤，教育吸盤，讓他的心也能走進世界。

接下來就是要努力地以濃縮畫面將所包圍的，以及所接觸的，小心地以明確的概念掌握住，以便能在研討會第四階段中認知兒童具體化的肢體語言。

在瑪西米里安的內在，我們遇到了一個具有超強才華、非常獨特天賦的人，但到目前為止，他無法將此天賦關連適當地帶入他的社會環境中。對其他學生而言，他仍然有距離感，他仍然是個未能找到與他們真實對話的陌生人、觀眾。除此之外，到目前為止，在班上同學演短劇時，他的天賦仍無法與客觀的要求達成和諧。大家在他身上體驗到的全是阻礙、封閉。老師的內在燃起了強大的動力，希望能幫助他超越這些阻礙。

在這地球上，他需要援助，才能與一切他即將成為未來發展條件和影響的舞臺達到和諧。到目前為止，他只有部分出現在這些關係中，這個問題在他出生的那一刻起就已經存在，這個問題在那窒礙中，在他偶爾昏厥時明顯起來，其吾才明顯存在於世界裡。他偶爾被困在他的組織裡，無法在世界裡覺醒。但吾歸屬於世界，必須在世界裡才能找到自己。

研討會過後數天，級任老師談論到他：他現在比較參與班上同學的活動了，以前早上的時候他很少加入同學的行列，但現在他出乎意料地主動接近他們。除此之外，他還特別和某人走得近，並開始和他一起合奏音樂，雖然這人只吹木笛。現在，瑪西米里安坐在位置上時，眼神比較望向班上同學的方向，而不只是神遊似地望向窗外，他的眼神開始注意到他周圍的事物。

學年結束前，他和他的朋友想要演奏一曲，而且已為家長進行籌劃一場開幕表演。他們試著要一起排練，但卻找不到排練時間，因此這場表演可能會取消。但在表演當天，他們還是在開演前大展身手，實現了他們的計畫。他們也決定再一起練習一次。級任老師非常驚訝地感知到他們兩人在練習中找到了彼此，瑪西米里安在朋友演奏錯誤時，很有同理心地調整自己，並將該錯誤整合在自己的鋼琴演奏中。在表演活動上，他們兩人精彩的演出驚豔全場。

學年快要結束時，瑪西米里安的母親來學校，她這次來學校明確地發現瑪西米里安很不一樣了，例如，前一天她提醒他刷第二次牙，瑪西米里安以堅定的態度回應，他回答從現在起他每天只要刷一次牙，一次就夠了。

幾個星期後，級任老師寫信告訴我：「暑假過後，瑪西米里安告訴我，他養了三個品種的蝸牛：大型的葡萄蝸牛、森林蔥蝸牛（Hainschnecke）和花園蔥蝸牛（Gartenbandschnecke），他還特地為這些蝸牛搭了一個苗床，裡面種了有機沙拉和蝸牛愛吃的特殊藥草。在瑪西米里安下課告訴我這件事時，他手上拿著一

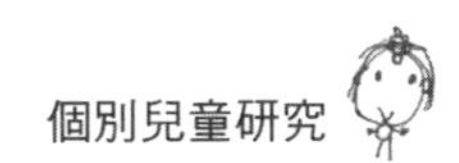

隻蝸牛，並向我描述蝸牛的特性。他整個人沉浸在這件事上，說話罕見地快，情緒也異常激動，在邊說明的同時他還指著蝸牛的各部分，手指顫抖著。現在，瑪西米里安上課時變得開朗，也更參與其中。但他行為的改變似乎讓同學感到很陌生，他們開始嘲笑他，搞得他常以盛怒回應。但這同時也顯示了，當他面對這種情況時，他不再像以前那樣縮回內在，而是以相當程度的強硬態度勇敢地站出來回應。」

賈霸——將陌生之事當作自己的來感覺

能真正感覺其他本質內發生的事以及同樣的自我內在發生的事。能夠完全走出自己，重新在另一個本質內復活[38]。

魯道夫・施泰納

本章討論的對象是從伊拉克移民到德國的年輕人，他住在一個靠近基督徒社群（Die Christengemeinschaft）的機構裡，是附近某德國學校的十一年級生。

賈霸剛滿十七歲，住在這個目前他賴以為家的機構裡的年輕人幾乎全是從非歐洲國家來到德國的人，他們試著要在德國當地文明的關係中立足。他們努力地唸書完成學業或參加職業訓練，這些目標在他們的祖國無法實現。

一開始，我到該機構參訪的動機是他們與賈霸的共同生活出現了問題，教育人員自問該怎麼做才能扭轉情況。

我在該機構的住民一起吃晚餐時看見了賈霸，他當時有點感冒，穿著連帽的厚上衣坐在桌邊，連衣帽都拉到兩耳上方。看得非常清楚，他從連衣帽邊緣下方望出去的表情有些不好意思，看來非常清楚，穿這種「像在衣帽中躲迷藏」的遊戲模樣的衣服很滑稽。

他有雙黝黑、發亮的眼睛；他來者不拒，能立即與人有接觸。這消遣似的遊戲或許又繼續了好一會，全部在座的人也慢慢地加入遊戲行列，最後他在別人的掌聲中脫掉了連衣帽。

眼前出現的是一顆美麗的頭、一頭修剪有型、烏黑健康的捲曲短髮、一雙很顯現他心靈的眼睛、溫暖又有幽默感的眼神和不符合比例的大鼻子。

幾天後，我們在教育人員團體中回憶他，賈霸長得很高，身材清瘦，四肢修長，手腳都很大，動作不大靈活。對比他的整個形象，頭部顯得略小，牙齒也細小而尖，齒間縫隙很大。他笑的時候，牙齒閃著光，整個臉部表情豐富，讓看到他的人的心也跟著飛揚起來，賈霸的魅力無人能擋。

他的頭微微前傾，沉重的眼瞼下方的眼神總不時俯視下方，好似剛從藏匿處出來，還在不停地探觸各種關係。

教育人員描述許多賈霸在機構裡的日常生活故事，例如，有次他買了手機，興高采烈地炫耀買這手機是特別幸運的事，但那位女性教育人員只是平淡地看了一眼，就立刻將這手機歸入贓物，並認為他購買手機的代價非常誇張。手機後來歸還回去了，而他好高騖遠的成功體驗也頓時降回到現實情況的實際評估。

從這件事可以說明，賈霸容易被表面所蒙蔽，無法客觀地評估情況，這讓他不時陷入困境。他受各種可能吸引，而且欠缺判斷的標準和冷靜，他的心每一次都衝動地一頭栽進去。

賈霸也很想變好，他很在意別人對他的看法。不得已時，他也收買別人對他的好感，這招對年紀比他小的人比對同齡的人來得有效。同年齡的人容易看穿他。有人嘲笑他，或他的想法被誤解時，他的反應特別敏感，他的自尊心很容易受影響，有時候會以暴力回應。年紀小的孩子佩服他，他也對他們百般照顧和關懷，他誠實地對待他們、關心他們的進展，並重視他們。在這些情況中，他與自我達成一致性，並得到認同、讚賞和忠誠的回報。他當然也享受在其中，因此也太誇大自己的樂於助人，而忽略了他的義務。

由於他的社會能力和成功經驗，他對自己有相對高的自我評價，他夢想未來的自己學識淵博，擁有影響力和權力，但這個夢想至今尚未實現，這種事可沒辦法從天而降。從這個關連性中發現，他並沒有很努力想把德文學好，到目前為止，他還無法自己說出完美的句子，要確實發出子音還有點困難，因此別人很難聽懂他的意思，於是他總用表情和肢體動作做掩飾。

另一個問題是，他很難展現他實際的客觀興趣。一位教育人員說，如果沒有在社會的關連性中，他就完全沒有動靜。如果他的意志能與他的情感力結合，那他就會變得很強：當透過其他人介紹給他實際的事情時，他的意志就能與他的情感力結合。但實際事情本身還無法引起他自己的興趣。學校的課業進度是他的弱點，這使得他的目標、希望和對未來的願望的實現變得更遙遙無期。

賈霸活動的時候，身體會左右晃動，他那太長的四肢搖晃得彷彿不屬於他身體的一部分。有一次他身後拉著一輛手拉車，那手拉車在人行道上左右搖晃的模樣就和他自己一模一樣，讓走在他後方的人有種暈船的感覺。

他利用電腦下載暴力畫面、暴力衝突和人類互相砍殺的圖像，他常看這些圖像看到深夜，教育人員擔心他，而他的結論是，他也覺得這些場景很可怕，但卻很喜歡。他喜歡的理由是，這些人能展現其強處，並擁有權力。他希望自己不要老是當好人，他認為終結別人是一件很酷的事。

經過上述描述和感知之後，現在須用文字表達一個簡單、簡潔、理性、可傳達的結果：賈霸是一個……的人，基於此原因，應考量進行教育因應措施。

一開始，這個共感階段似乎是完全多餘的冤枉路，但其實不然，反而開啟了一扇門，讓程序往前邁進，也有機會遇見賈霸，這個在其真實世界的人。

在這個研究中，教育人員團體一開始也是針對純粹個人性、本能性出現的感覺進行交流，交流時，明顯地感覺：賈霸深獲教育人員的融合感，在對他的判斷中，大家都表示他具有無限的熱情，但還是存有特別令所有人都深感不安的隱憂，總感覺他可能哪天會發生什麼讓人無法預計的、不祥的事情，甚至或許是災難般的暴力舉動。大家都認為現在非把他握在手裡不可，但該如何在他身上達成這個目標，大家卻也全然無計可施。

於是教育人員致力於將感覺轉換為感知器官，他們試圖與賈霸共感。亦即：

> 能夠完全地走出自己，重新在另一個本質內復活；能真正感覺那一個他人本質內發生的事，以及同樣的那一個

我之內發生的事[38]。

如何達到這樣的體驗呢？第一個人的描述是共同體驗他的四肢天性：我共同體驗了他的手臂和腿的全部生長力量，彷彿我自己的四肢開始成長；變得越來越長，越來越重，而且還到處搖晃，但我無法讓它們正確地聽命於我而到達某個目的地。

另一個人則嘗試設身處地去感覺他身體姿勢的肢體語言，同時體驗他在書寫和特別是坐在桌邊時，垂頭喪氣、無法豎起身子、一切力量從他身上抽離、什麼也拿不住的體驗，以及必須提起力量、豎直身軀、對抗那股沉重感，但卻又力不從心的無奈。另一個人的內在則仍留於手拉車搖晃的印象：

- 走在我前方、身後拉著手拉車的賈霸，搖晃著身子走在人行道上，突然間我失去我內在所有堅定的、支撐的力量，我體驗到動作漫無目的、意志全失地對地心引力俯首投降的四肢。這種體驗令人感到不舒服、痛苦，甚至令人感到厭惡。

過了一會他說：

- 但之後奇異的現象發生了，那種搖晃的感覺頓時消失，只剩下類似一種暖柱的感覺，一種溫暖明亮的直挺支柱，而我自己就是那根支柱。

回顧時出現以下情況：共感讓每個與會者抽離自己，直接與賈霸合而為一，與他目前的心境以及他跟他身體的關係結合而成為他自己的性格。這一開始是共同體驗奉獻給身體和外在感官以及與之結合的心的主導現象，但缺了一個吾的自我約束引導。心跟隨著外在印象，且臣服於一切身體強迫下所形成的。星辰性（das Astrale）的、所感覺的、所感受的成為主宰，不讓吾得以利用動機、理想、專注力和對世界的關心力量產生作用，這令人感覺痛心。

然後，出現了幾乎令人察覺不到的小小停頓，就像突然間出現的平靜，緊接著卻天氣驟變。我們在白天體驗類似於驟變的時刻，彷彿，中午突然變成了下午，這種變化經常發生在極短的時間內，令人意想不到的質變產生。在研討會上，此處，藉由以上描述的言語，有些因素轉換為互補，搖晃感消失、熱柱出現了。

這是一種透徹的內在經驗、一種內在感知，無須再另外補充，它已經為自己說明了一切。在這時刻，所有人都能理解這個語言。互補經驗的內容就是戰勝地心引力，那也是吾組織（Ich-Organisation）的一種內在經驗：

> 當我直挺站立做為覺醒的人時，就是對我的意識來說，對吾本身來說、對我的通過熱能有機體（Wärmeorganismus）有物質表達的吾組織來說，已戰勝了地心引力[39]。

之後，再戰勝搖擺、俯首投降和無法掌握的自己——頓失一切支撐、追求方向的改變和渴望，以及所有社會性關連的自己，因為接下來，人將找到自己。

利用這樣的方式將產生了雙重效果：一方面透過識別賈霸目前的心境，看進他星辰性的主導趨勢。當考慮到年輕人，至少在十八歲結束前，星辰性並不是激勵人心的洞悉，因為這只是人類本性中的發展。

另一方面是熱柱的經驗：發現吾組織的涉入。事實上這是賈霸成長中的本質（Werdewesen）經驗，這能幫助他在世界上安身立命。這份可表達的認知，在程序上並非全新，也不是唯一的一次，阿爾貝特・施魏策爾（Albert Schmelzer）曾在名為「吾歸屬於世界」的演講中在相當程度上總結出並掌握過。但是這種認知的新意在於它並非出自考慮和聯想，而完全是一種認知程序產生的獨立結果、一種溫和的直覺經驗。

教育人團體認為這種認知很有創意，一位女性教育人以言語表達其所達成的：

- 現在，我的內在體驗了如何遇見賈霸，以及必須對他有所對應的情況，然而我根本不必思考特殊的因應措施，因為我從自身無時無刻都能知道我該做什麼。

賈霸來自伊拉克，他是東方人，透過他的叔父來到德國，他在這裡遇見了完全不同類型的思想、感情。賈霸和其教育人員之間的情形反映出這種讓雙方都面對挑戰的命運情況，這情況也創造了對這年輕人有所助益的成果，讓他能與自己的吾合而為一地成長，也讓教育人員能夠繼續源源不斷地提供援助。

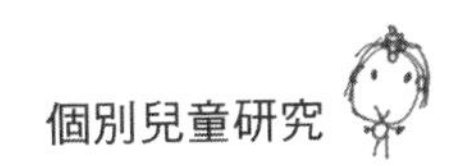

卡特林——飛越自己的陰影

將外在事物轉換成自己、內化是靈永不停歇的活動[40]。

諾瓦力斯

相較於中低年級學生，學校同仁的想法經常是高年級的學生比較難以瞭解。但實際上這種猜測是一種先入為主的觀念，也無法透過高年級生研討會的程序得到印證。針對某一所學校的十年級生卡特林舉辦的研討會也是如此。但老師們對卡特林的傷腦筋，從他們的描述可聽出他們的震驚：

- 卡特林無心在課堂上，她把自己隔離起來，封閉自己，讓人無法接近。
- 上課開始不久，她總不時假借各種藉口離開教室，一直到下課鐘響時才會回來。
- 她想盡辦法推辭工作，也不交作業，自有一套不交作業的應對策略。
- 她只感知到自己，內在從不曾參與上課，在班上總是扮演旁觀者的角色，只感知到自己。只要她旁邊的座位沒人，她就會私下進行協議，叫來一個女同學，然後和她交頭接耳，這常惹惱老師。
- 在感知中，她很模糊，讓人看在眼裡卻無法客觀地理解她。

- 她也不參與班上心靈性和社交性活動，她的朋友圈很小，總是和兩、三位女同學一起，跟她們縮在自己的世界裡，把自己排除於班上的社交生活之外。
- 只有在八年級的專題工作發表時，她自己做的布偶曾經上臺表演，那是她唯一一次參與其中，且內在也存在整個狀況中。這讓所有人都很感動。

整個老師圈在進行描述時看起來似乎都一臉蒼白，蜷縮在一起，內在隔離，毫無頭緒，彷彿每個人都是孤獨地被囚禁在這情況的絕境中。

會議一開始有一個優律司美表演，是由卡特林和班上其他幾位男女同學一起演出，她是班上個子最嬌小的，她的出場讓人感覺到靈活、溫柔、輕巧。

但她的外貌卻讓人有完全不同的感受：頭部的線條呈現出雕塑的力量，其最高點是後腦勺上的髮漩，在相當小巧的臉部上方，頭部以寬廣的額頭形成權威性的拱形。

額頭在一雙顏色淺淡而深邃的小眼睛上方架起穹頂，因此眼睛籠罩在穹頂的陰影下。厚重、幾近雄偉的眉毛處光禿禿的，讓額頭看起來就像河堤，臉部顯得有些暴躁、不可接近的印象。嘴巴和鼻子不成比例地小，嘴唇很薄。卡特林總不時動著嘴巴，咬著嘴唇。她的下巴部位很柔和，但線條很有力，讓整個臉部看起來頗有自我意識、獨特、權威，但也有些難以接近。

感知和說明之後接著就是靜默的短暫休息，在這段時間裡，每個人都試圖在自己身上讓所感知到的發生作用，並與之聯合且共同感覺。在小組裡再次討論，然後歸納如下作為全體大會後續所用：

- 卡特林向外隔絕，而不是向外開放，因此看起來既寂寞又孤立。
- 她看起來既冷酷又陰暗，眼神讓人有距離感，看到的全是缺點、偏差以及所有的不完美。
- 在光禿禿的眉毛和比例太小的鼻子中體驗到被遺棄、無所防備。

在所有描述的特性中，每個老師都清楚卡特林的周遭環境，包括同學，也包括成人，都被卡特林認定為重大攻擊的來源，她必須不斷地找尋可以抵禦他們的防備，她必須加以反抗。這種自我反抗凸顯出拒人千里之外的特性，但她異常苗條的模樣並不具備足以讓她對周遭環境的關係顯示強壯的力量，以及適合的表達自己強壯的方式。她必然感受自己會被打敗，因為她沒什麼好對抗的。她必然很容易受到攻擊，因為別人天生就擁有比較多的防護。

在接下來的程序中要進行的是去翻轉那些在共同感覺和共同體驗中所呈現的一切，去感覺卡特林想要發展的方向、需要的是什麼。該提出的問題是：你缺少了什麼？整個會議參與人突然間全明白了，不能從外迫使卡特林去做什麼，反之，每個動力、每個脈動、每個主動性都只能從她自己出發，必須來自她自己。但大人肩負有責任，去刺激她的熱情、她心靈的感動、她的內在參與；從自己的內在接納她，不要把她遺棄在封閉的狀態中。

然後要提出該如何實現的問題，答案很令人期待了。因為與會者一直到共同感覺階段以前，普遍都明顯感覺她主要是保留和疏離的情緒，她的不足都被與會者的感知提出來了，反抗和離斥感的行動也明顯存在。但這些情緒現在全翻轉了，取而代之的是以下的描述：

- 面對她的態度，我們必須懷有「要求她有所作為將使她感受困難重重」。
- 我們必須參與她、重視她；在內心真正地感知她，撇開要求，用輕鬆、無偏見、信任、溫暖、希望和內在的迎接，等待她準備要帶來的。

在這些表達中出現了互補性，教師不是以有所要求的方式對她，而是盡量以對她補償、以更適合於整體教育的心態方式對待她。當她周圍圈子裡的人都實踐了，那她自己就能在這些活動中找到歸屬。於是，成人們的態度具備了教育的作用。那她也就能在她的吾之內完成並實現其他人無法為她培植的東西——面對世界現象時的溫暖、對她周遭人的信任和好感、面對一切的理解能力，以及面對老師們的坦承等等。

於是在會議團體中，內化發生了，將陌生的轉化為自己的是靈永不停歇的活動。過了三個月再進行回顧時，有了以下表達：

- 感覺有變化，但並未真正出現在行動上。現在比較容易與她建立接觸了，卡特林也開始自我感知。
- 卡特林看起來不再那麼抑鬱了，減少規定她去做什麼，增加她從自己的內在調整主動的觀念，她變得更積極了。
- 這些難題已經不再是難題，問題迎刃而解了。
- 現在，她在課堂上表現很坦率。
- 放假時我去溜冰，偶然遇見她，她正興高采烈地和別人玩老鷹抓小雞的遊戲，她開懷大笑，和我女兒一起練習倒退溜，那是我以前鮮少體驗過的她。

阿恩特——適時地共創效應

一個人起不了作用，而是要在正確的時間點和多人結合才有效[41]。

約翰・沃爾夫剛・馮・歌德

有時候在大團體中出現不願意或無法討論某位學生的情況，阿恩特的情況則顯現了負責任者的結合能帶來多麼富效益的結果。一開始，他們除了對這孩子投以關注以外，別無他求。

阿恩特是個溫柔而又敏感的孩子，有著熱情的眼神和害羞謹慎的模樣，是我們學校四年級的學生。他從不試圖在新環境中凸顯自己或爭取受認同，而只是悄悄地連接現有的情況，但卻深受不斷復發的哮喘之苦，因此無法參與一些同學們樂趣的活動，但他並未因此退出班上的這個團體，反而似乎能在班上快速地形成一種心情附著的微細文化去抓住周遭體貼的社會性關注，對於這種情況的發生，我當時無法立刻理解。

在他一入學不久，我就去拜訪他的家人，也詢問有關阿恩特出生以來的生活情形。他母親告訴我，她懷這孩子的整個情況，對她來說，非常困難。當年，她住在頂樓，房間裡只有對著天空方向的窗戶。此外，她常常因為丈夫在週間工作出差不在家，必須忍受驚恐的狀態而陷入深度的恐懼中。這一切她說得坦率、誠實又這麼有條有理，讓我感覺彷彿也親身歷經了那段折磨難耐的

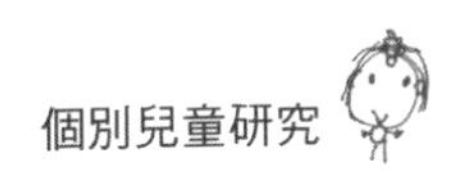

歲月。

家庭訪問後，我再一次想像這些關係，我看見我眼前的阿恩特：靠近天空、燈光、浮雲和星光，對塵世與所有的粗野、魯莽感到陌生。我看見母親的恐懼：緩緩地深呼吸、恐懼地摒住呼吸，無法再度鬆綁令人害怕的折磨人的想像、呼吸困難和想像窒礙。根據她自己的說法，如果她能夠望向窗外、屋外、樹木和花園、街道上的人群和狗兒以及遠方地平線，她就能感覺輕鬆許多，因為這樣她就能在塵世歸屬的慰藉中重新找到自己。但她當時並沒有辦法這麼做，她坐在困境中數月之久，在這幾個月期間，阿恩特逐漸形成他的組織，而母親必須忍受的一切心情，在他具體成形時彷彿全寫入了他內在的表情中。

後來我和他的醫生以及學校的優律司美治療師談論這件事，他們兩位立即從他們各自的職業權威中瞭解到哪方面的治療是最合適的。我自己本身反而比較無頭緒，只感覺應該讓阿恩特比以往更積極地參與班上早晨的樂器演奏。我記得，我曾從那時候起選出頗具流動性的、與呼吸共振的和沉穩的曲子，那是出自文藝復興時代 Phalèse 的頗長的作品。全班很快地就跟著那音樂的律動呼吸。我記得，當時並沒有和所有班上的老師進行過學生研討會。

過了一段時間，大概是他們六年級或七年級的時候，有人突然想起阿恩特的哮喘沒再發作了，它在不知不覺中消失了，他現在已經參與同學的活動和遊戲了。

大約十年後，阿恩特完成了丑角演員的職業訓練，不久後，他得到了第一次參加大型表演的機會，現在他在他的專業領域上已頗具知名度。當他一站上舞臺，全場觀眾無不摒息以待，現場一片寂靜，隨後他只要稍微動一下，就能連珠砲般引來眾人哄堂大笑。之後，他開口說了一個什麼片段的句子，伴隨著寥寥無幾的表情，全場又是一片摒息的靜默，瞬間全場觀眾又突然爆出如火山爆發般的狂笑。在觀眾的摒息、凝神的專注、深層的內在接觸，在震驚之間，每個人突然親眼看見因為他所展現的畫面而不時爆出的哄堂大笑。這是一個純粹呼吸和接觸的事件，阿恩特溫柔地參與了所有人的心和所有人的人性，這表示他參與了我們大家都知道的屋舍和花園、人、狗、街道和地平線，但也是他母親懷他時，深深懷念的一切——這一切突然都存在了，用手抓得到，就在這裡，那麼具體。

這只是進行兒童研討會的第一部分——感知，但這已經對後續產生了助益。教育和負責治療的人員集結在一起：母親在陳述她當時的情況時滿懷信任地無所不談，醫生和優律司美治療師耐性地以其治療效益，而級任老師別無他法地運用了文藝復興時代作曲家的音樂，大家用愛和理解無偏見地深入這孩子。但這整個過程發揮了大規模兒童研討會的風格和影響力。它鼓舞人正確地看待孩子，感覺孩子的具體化表情，並讓人重視教育共同責任的愛和直覺的力量。人自己在這麼複雜的情況中無法完成的就讓他人一起來負責，此時他們只需要集合在一起。

後記與感謝

兒童研討會能帶來振奮人心的結果，這是教育人團體經常有的體驗，但也可能有失敗的經驗。雖然可能不成功，即便做了一切努力仍無法達到目標，但人們可以獲得經驗。這可能促使對於兒童研討會的價值有所懷疑的傾向變本加厲；可能讓我們退卻，使我們沮喪，讓我們不時去想到底該不該繼續這條已進行的路，因為這一路上荊棘密佈。但學生研討會最後會達到什麼地方，有時候要到了之後才能真正的評估。

有一次我拿一個學生完全沒有辦法，於是我們在會議上進行一次兒童研討會，但沒有成功，一切都徒勞無功，那位學生最後離開我們學校。想起他的時候，總有那種揮之不去、無法掌握他的痛苦感覺。

二十五年後，我在一次學校活動上再次遇見他，看見他的時候，腦海裡再度湧現想起他學校生活的那種痛苦回憶。但他很自然地走向我，並說道：「很高興遇見您，我以前在這學校的時候，我以為沒有老師支持我，沒人瞭解我，當時我感覺一切糟透了，我認為他們都很壞。但多年過後，我有次看了我以前的成績單才發現，雖然所有的老師都明白寫著我當年的模樣和行為，但他們全站在我背後支持我，他們真正看得見我。現在我明白了，如果沒有這所學校，就不可能有現在的我，但我畢竟繞了一大圈的路。」

命運不一定保證，人能得到遲來的回應、趕走自己多年的慚愧。但人能嘗試的就是盡力去做，其餘的就交給負責成長中的兒童和青少年命運的老天[i]定奪。

對於所有協助我完成本書的人和陪伴者，在此，獻上我由衷的感謝，在此，我對兒童研討會的說明也要劃上句點了。

很多人曾經協助我搜尋途徑、接近兒童的本質，他們也鼓勵我將這些途徑用筆寫下來。

這條路的一開始有艾克衛爾登（Eckwälden）治療教育學院兩位老師：法蘭茲・格拉特斯（Franz Geraths）和艾爾恩斯特・雷爾斯（Ernst Lehrs），他們兩位對我影響深遠。我曾在同仁會議上，從格拉特斯博士身上體驗了生平第一次兒童研討會，那是一次至今仍影響著我的直覺體驗。雷爾斯博士是一位自然科學家，以歌德的方式教授自然認知。我感謝他讓我相信這種我終其一生將奉行不悖的認知原則，以及讓我勇於鎮服兒童認知領域的脈動。

我們，連同慕尼黑史瓦賓（München-Schwabing）華德福學校[ii]學校的優律司美治療師艾瑞卡・萊斯特（Erika Leiste）、校醫沃夫剛・米勒（Wolfgang Müller）以及二十多年來每週都進行兒童觀察的各位級任老師。這項活動，經由學校裡的優律司美治療

---

[i] 審閱註：德文原文用「星星」。

[ii] 審閱註：「魯道夫—施泰納—學校」和「華德福學校」兩名稱皆為採華德福教育理念的學校之註冊商標名稱。

師大會、經由克里斯多福・布須曼（Christoph Buschmann）和聖巴斯提昂・尤韓斯（Sebastian Junghans），以及經由克裏斯托夫・維歇爾特（Christof Wiechert）在多納赫的學術研討會——「兒童研討會的藝術」，而獲得深層意義。我感謝上述這些人的無成見觀察的活力、明確又誠實的奮鬥、不斷自我深化人之智識的認知，以及形成活力的清新概念。

我也要感謝許多老師、家長、教育人員和治療師，他們和我們一起觀察兒童和青少年，追蹤他們踏入世界的足跡。每個研討會都是獨一無二的，就像每個人都與眾不同。

卡爾・李爾（Karl Lierl）負責本書的美編插畫和裝訂，在其中，他採取相近的途徑運用藝術。由衷地感謝沃夫剛・倫克納格爾（Wolfgang Runknagel）如此費心地進行校正，並修改成一致的文章風格。最後要感謝克勞蒂亞・葛拉賀（Claudia Gerlach）、瑪麗・科柏林（Marie Koblin）、克里斯汀安娜・萊斯特（Christiane Leiste）和克里斯多福・布須曼，他們反覆閱讀手稿，並客觀地提出修正的建議。

我要感謝所有上述提及的人，也要對所有未提及，但曾與我一同專注兒童、深層觀察兒童的人獻上我的謝意。

我也要感謝將其出生前面貌呈現在我面前的所有兒童。

你是我嗎？

註釋

1 Novalis: Werke, hrsg. und kommentiert von Gerhard Schulz, 3. Aufl., München 1987, Bd. 2, S. 332, Nr. 96
2 taz, Berlin, vom 19. 03. 2009, S. 5
3 Christian Morgenstern, in Michael Bauer: Christian Morgensterns Leben und Werk, München 1933, S. 57
4 Rudolf Steiner: GA 26, Anthroposophische Leitsätze, Dornach 1998, S. 68 (zu 85-87)
5 Novalis: siehe Anm. 1, Bd. 2, S. 527, Nr. 295
6 Rudolf Steiner: Notizbuch-Eintragung, zitiert nach: Zur Vertiefung der Waldorfpädagogik, Dornach 1990, S. 24
7 Wassilij Kandinsky: im Ausstellungskatalog: Der blaue Reiter und das neue Bild, München 1999, S. 358; im Nachdruck des Ausstellungskataloges des NKVM, 1910, p. 7
8 Karl König: Tagebucheintrag am 24.3.1956, zit. nach Peter Selg: Karl König und die Anthroposophie, Dornach 2006, S. 88
9 Rudolf Steiner: GA 185, Geschichtliche Symptomatologie, Dornach 1982, S. 114
10 Kolloquium zur Kunst der Kinderbesprechung, Pädagogische Sektion Dornach, seit 2001
11 Rudolf Steiner: GA 300a, Konferenzen mit Lehrern der Freien Waldorfschule Stuttgart, Dornach 1975, S. 155
12 Novalis: Werke, Tagebücher und Briefe Friedrich von Hardenbergs Das philosophisch-theoretische Werk. Teplitzer Fragmente, 1978, S. 393, Nr. 44
13 Wassilij Kandinsky: Interview mit Nierendorf, in: Essays über Kunst und Künstler, Bern 1973, S. 212
14 Rudolf Steiner: GA 293, Allgemeine Menschenkunde als Grundlage der Pädagogik, Dornach 1980, S. 91 ff

中文版請看魯道夫・施泰納《作為教育學基礎的人的普遍智識》全冊第 293 冊，「魯道夫・施泰納華文編輯小組」譯編，人智學教育基金會，宜蘭 2014 年，頁 137-142 之間。

(1) 在您們思維認知時必然會感覺到……在一定程度上活動於光亮之中。您們通過您們的吾，認識和感覺到自己是完全在這種認知的行為中。在一定程度上，您們所稱之為認知的這些行為的每一個部分，每一個元素都在您們的吾的作為之內；再說一遍。您們的吾所做的都處於認知行為之中。您們完全處於光亮之中，您們活躍在一種完全意識的行為之中。第 137 頁

(2) 在意願裡就不是如此了。您們非常明瞭，當您們要實現最簡單的意志：比如行走，事實上您們的整個意識只是活躍在這個行走的表象之中。至於當您們的雙腿交替著向前運動的時候，在自己的肌肉裡進行著什麼，在自己的身體機制和組織中發生了什麼，您們是不知道的。第 138 頁

(3) 而感覺存在於意願和思維認知之間。在感覺方面，一部分充滿了意識，

而另一部分則充滿無意識。以這種方式，感覺一方面摻入了認知思維的特徵，另一方面也摻入了有感的意願或被觸動的意願特徵。第 140 頁
在日常生活中，我們談到清醒，談到清醒的意識狀態。但是，我們只有在認知思維活動中才具有這種清醒的意識狀態……只有當人在某個方面相當程度上是一個思維著的認知者的時候，他才是真正清醒的。那麼，在意願方面如何呢？您們都知道睡眠的意識狀態——您們一樣也可以稱之為缺乏意識狀態。您們知道，當我們睡眠的時候，從入睡到醒來的過程中的經歷，並不在我們的意識之中。同樣，所有進入我們意願的無意識也是如此。只要我們是意願的存在者時，我們就在睡眠狀態中，即使在清醒的時候也是如此。我們總是隨身帶著一個睡眠人，也就是一個意願人，並用那個清醒的、思維的和認知的人陪伴著他；在醒來到入睡之前，只要我們是意願的存在者，我們就是處於睡眠狀態……而感覺居於中間，我們現在也可以問：在感覺裡的意識如何？它位於清醒與睡眠的之間。您們認識自己心中活動的感覺，也正如您們認識自己的夢，只是一個是您們記憶的夢，而另一個是直接經歷的感覺……所以，事實上在我們醒著時內心流注著三種意識狀態：在思維方面，原始意義上是清醒、在感覺方面是夢，而在意願方面則是睡眠。第 140 到 142 頁

15 Rudolf Steiner: GA 302a, Erziehung und Unterricht aus Menschenerkenntnis, Dornach 1972, S. 68
16 Arnold Schönberg, in: Der Blaue Reiter, München 1965, S. 74
17 Rudolf Steiner: GA 34, Die Erziehung des Kindes vom Gesichtspunkt der Geisteswissenschaft, Dornach 1978, S. 27

中文版請看魯道夫・施泰納《從靈性科學觀點看兒童教育》全冊第 34 冊，「魯道夫・施泰納華文編輯小組」譯編，人智學教育基金會，宜蘭 2015 年，第 50 段，頁 33。

18 August Macke, in: Der Blaue Reiter, München 1965, S. 54
19 J. W. v. Goethe: Werke, Hamburger Ausgabe in 14 Bänden, hrsg. von Erich Trunz, München 1981, Bd. 13, S. 40
20 siehe Anm. 19
21 Rudolf Steiner: GA 72, Freiheit, Unsterblichkeit, Soziales Leben, Dornach 1990, S. 394
22 Christof Wiechert in: Medizinisch-Pädagogische Konferenz, Heft 46, August 2008, Seite 10
23 Novalis: siehe 1, Bd. 2, S. 419, Nr. 466
24 Wassilij Kandinsky: Essay über Kunst und Künstler, hrsg. von Max Bill, 3. Auflage, Bern 1973, S. 204
25 Carl Unger: Aus der Sprache der Bewusstseinsseele, Basel 1954, S. 247
26 Rudolf Steiner: GA 119, Makrokosmos-Mikrokosmos, Dornach 1962, S. 222/223
27 Rudolf Steiner: GA 293, Allgemeine Menschenkunde als Grundlage der Pädagogik, Dornach 1980, S. 103

中文版請看魯道夫・施泰納《作為教育學基礎的人的普遍智識》全冊第 293 冊，「魯道夫・施泰納華文編輯小組」譯編，人智學教育基金會，宜蘭 2014 年，第 14 講的終結，頁 302。

28 Rudolf Steiner: GA 302, Menscherkenntnis und Unterrichtsgestaltung, Dornach 1986, S. 69
29 Erika Leiste in: Medizinisch-Pädagogische Konferenz, Heft 23, November 2002, Seite 48
30 Rudolf Steiner: GA 317, Heilpädagogischer Kurs, Dornach 1985, S. 151
31 Rudolf Steiner: GA 13, Geheimwissenschaft im Umriss, Dornach 1996, S. 335
32 J. W. v. Goethe: Märchen, in: Goethes Werke in 10 Bänden, Zürich 1962, Band 7, S. 507
33 J. W. v. Goethe: siehe 19, Band 13, S. 38
34 Michael Bauer, GW 4, Seite 43, zitiert nach Peter Selg: Michael Bauer, Dornach 2006
35 Harper Lee : Wer die Nachtigall stört, Reinbek 1960, aus dem Amerikanischen von Claire Malignon, S. 49
36 Rudolf Steiner: GA 302, Ergänzungskurs, Dornach 1986, S.67
37 Shannkar Aiyars, Chefredakteur der Wochenzeitschrift India Today, über Rahul Gandhi, in: Süddeutsche Zeitung Nr. 111 vom 15. Mai 2009
38 Rudolf Steiner: GA 234, Anthroposophie – Eine Zusammenfassung nach einundzwanzig Jahren, Dornach 1959, Seite 91
39 Rudolf Steiner: GA 317, Heilpädagogischer Kurs, Dornach 1985, S. 45
40 siehe Anm. 1, Bd. 2, S. 419, Nr. 466
41 siehe Anm. 32, J. W. v. Goethe, Bd. 7, Seite 523

國家圖書館出版品預行編目（CIP）資料

我是你：華德福教育學的兒童研討會 / Anna Seydel 著；
張淑惠譯. -- 初版. -- 新北市：心理, 2015.03
面； 公分. --（幼兒教育系列；51178）
譯自：Ich bin Du: Kindererkenntnis in pädagogischer Verantwortung

ISBN 978-986-191-635-4（平裝）

1.小學教學 2.兒童學

523.3 103023510

幼兒教育系列 51178

我是你：華德福教育學的兒童研討會

作　　者：Anna Seydel
策　　劃：社團法人臺中市人智哲學發展學會
審　　閱：林玉珠、許星涵（Astrid Schröter）
譯　　者：張淑惠
執行編輯：高碧嶸
總 編 輯：林敬堯
發 行 人：洪有義
出 版 者：心理出版社股份有限公司
地　　址：231026 新北市新店區光明街 288 號 7 樓
電　　話：(02) 29150566
傳　　真：(02) 29152928
郵撥帳號：19293172　心理出版社股份有限公司
網　　址：https://www.psy.com.tw
電子信箱：psychoco@ms15.hinet.net
排 版 者：鄭珮瑩
印 刷 者：竹陞印刷企業有限公司
初版一刷：2015 年 3 月
初版五刷：2024 年 7 月
I S B N：978-986-191-635-4
定　　價：新台幣 200 元